FACTVM,

POVR MADAME LA DVCHESSE

DE

VENTADOVR,

ET

MADAME LA COMTESSE

DV LVDE,

Touchant la cause de S. Geran.

A PARIS,

Chez LOVIS BILAINE, au Palais, au second pilier de
de la grand' Salle, à la Palme, & au Grand Cesar.

M. DC. LXIII.

AVEC PRIVILEGE DV ROY.

LE LIBRAIRE
au Lecteur.

Y ANT cy-deuant imprimé vn Recueil de Plaidoyers de Monfieur Pouffet, Sieur de Montauban, entre lefquels il fe rencontre celuy qu'il a fait pour la Damoifelle de Beaulieu, contre Monfieur le Comte de S. Geran, & Madame la Comteffe fa femme ; j'ay crû qu'il eftoit à propos, pour la fatisfaction du public, de l'inftruire plus amplement du fuiet de cette illuftre caufe ; ce qui ne fe peut pas mieux que par les Factums qui ont efté depuis peu produits de part & d'autre : ils viennent d'affez bonne main, pour n'eftre pas ennuyeux à ceux qui les voudront lire , & ie les donne fur les exemplaires qui en ont efté recouurez, le plus exacte-ment qu'il m'a efté poffible , & autant que la prompti-tude de cette impreffion l'a pû permettre.

FACTVM,

FACTVM,

Pour Dame Marie de la Guiche, Ducheſſe de Ventadour; Et Dame Eleonor Renée de Boüil-lé, Comteſſe du Lude, appellantes & intimées.

Contre Dame Suſanne de Longaunay, veufue du feu Sieur Comte de Saint-Geran, intimée & appellante.

C'EST vn ſentiment raiſonnable & vn vœu commun de tous ceux qui ſe ſont reduits ſous la Loy du Mariage de ſouhaiter des enfans, & meſme d'exciter leur fecondité par toute ſorte de reme-des naturels & de moyens legitimes: Mais quand cette be-nediction du Ciel leur manque, de vouloir ſe donner vn enfant par vne production artificielle contre les voyes ordi-naires de la naiſſance, c'eſt violer tous les ordres de la Na-ture, de la Iuſtice & de la charité ; Car s'il ne s'agiſſoit en cette cauſe que d'vn accouchement d'imagination tel que celuy que les Poëtes ont feint de leur Déeſſe mere des Armes & des Lettres, ſortie toute armée de la ceruelle de ſon pere. Si l'intimée s'eſtoit contentée de croire en parti-culier que cét enfant eſt à elle, qu'elle miſt ſon plaiſir & ſa ſatisfaction à le traiter & à le careſſer chez elle dans ſon domeſtique comme ſon enfant, ſi elle ne ſe propoſoit autre choſe dans ce traitement que de repaiſtre agreablement ſa fantaiſie de ce fantoſme formé d'vne groſſeſſe imagi-naire, encor que ce diuertiſſement ſoit indigne d'vne per-ſonne de condition : neantmoins cette douce erreur ſeroit en quelque façon excuſable, en ce qu'elle ne porteroit de conſequence ny de dommage à perſonne ; mais de vouloir faire paſſer en Iuſtice vne fable pour vne verité, faire vn amas & vn reſeruoir de larmes qui ne luy couſtent gueres, pour en faire vne amorce & vn piege pour ſurprendre les

A

esprits des Iuges comme elle a fait iufqu'à prefent , de pretendre d'auoir donné vn heritier à fon mary , comme elle veut à prefent par vne declaration qu'elle prétend luy auoir fait figner à l'extremité de la vie par vn Apoftille , fans fçauoir ce qu'il fignoit , contre fa fcience & fa confcience, fe promettre qu'elle pourra anter & greffer vn fauuageon de la lie du peuple fur la tige noble & illuftre de la Maifon de la Guiche ; c'eft vn aueuglement fi eftrange , qu'il y a peine de croire comment l'imagination d'vne femme a pû fe laiffer preuenir & alterer à ce point , qu'elle ait efté capable non pas d'entreprendre, mais feulement de conceuoir vne action fi grotefque & fi efloignée de la raifon : Mais les Appellantes efperent que tous les artifices , toutes les violences & toutes les larmes eftudiées de l'intimée , qu'elle fait agir & couler tant qu'elle veut , ne feront pas capables de forcer ny de rompre les digues & les bornes que la Nature & les Loix ont mis pour eftablir & auerer l'eftat des enfans , qu'elle ne fera pas mere , parce qu'elle le veut eftre , qu'elle ne donnera pas pour heritier à fon mary, vn garçon qu'elle veut bien pour le fien , que fon imagination ne fera pas l'arbitre des biens, du nom & des armes de la Maifon de la Guiche.

Pour y paruenir , les appellantes reprefenteront à la Cour la verité naïfue & ingenüe de toutes les chofes comme elles fçauent au vray qu'elles fe font paffées iufqu'à prefent , defquelles elles ont déja beaucoup de preuues ; & en cas qu'il y en ait quelques vnes defquelles la preuue désà prefent ne foit pas acheuée , elles foutiennent qu'elles y doiuent eftre receuës , comme elles feront voir clairement dans la fuite , parce qu'encor que l'intimée ait fait ioindre les appellations dont il s'agit aux procez criminels qu'elle a fait faire à vne Sage-femme appellée Goliard , à prefent decedée , & à la Damoifelle Beaulieu abfente : Neantmoins , les appellantes feront voir que leur caufe eft toute entiere , & qu'elle ne dépend point de ces procez criminels ; & la Cour verra dans la fuite , que la maniere auec laquelle l'intimée s'eft conduite pour auoir la découuerte pretenduë de fon enfant fuppofé n'eft pas innocente, mais au contraire tres blafmable.

Donc , pour establir la verité du faict, il est necessaire
de presupposer que Messire François de la Guiche Mareschal de France , & Dame Susanne Aux-Espaules , ont
esté chacun mariez deux fois , & ont eu des enfans de
deux lits. Monsieur le Mareschal de S. Geran espousa
en premieres nopces Dame Anne de Tournon , duquel
mariage sont nez deux enfans qui ont survescu ; sçauoir
deffunct Messire Claude de la Guiche Comte de S. Geran ,
des biens duquel il s'agit , & deffuncte Dame Iacqueline
de la Guiche , mariée au feu sieur Comté de Boüillé , duquel mariage est née vne fille vnique , nommée Dame
Eleonor Renée de Boüillé , mariée au sieur Comte du
Lude. Quant à Dame Suzanne Aux-Espaules , elle a esté
mariée en premieres nopces auec feu Messire Iean de Longaunay , duquel mariage est née l'intimée. En secondes
nopces feu Monsieur le Mareschal de S. Geran ayant es-
pousé ladite Dame Aux-Espaules , de ce second mariage sont nées deux filles , Dame Marie de la Guiche veufue
de feu Monsieur le Duc de Ventadour , & vne autre fille decedée sans estre mariée, appellée Mademoiselle de S. Marie;
de sorte que Madame de Ventadour est sœur consanguine
du feu sieur Comte de S. Geran , & la Dame Comtesse du
Lude est sa niéce des deux costez , fille de sa sœur germaine.

Lorsque Monsieur le Mareschal de saint Geran & la
Dame Aux-Espaules s'espouserent en secondes nopces , il
se fit vn double mariage entre le feu sieur Comte de S.
Geran , fils du premier lict de Monsieur le Mareschal &
l'intimée fille du premier lit de la Dame Aux-Espaules. Le
Contract de mariage en fut passé le 17. Février 1619. en la
ville de Rouën , l'intimée estoit âgée de 13. à 14. ans , le
feu sieur de Saint-Geran estoit âgé de dix-huit : Apres le
mariage celebré & consommé au Printemps ensuiuant ,
Monsieur le Mareschal de Saint-Geran enuoya le feu sieur
de S. Geran son fils en Italie , tant pour voyager , que pour
acheuer d'y apprendre ses exercices. Il demeura deux ans
à ce voyage , pendant ce temps l'intimée demeura en la
compagnie de Madame la Mareschale de S. Geran sa mere ,
& le mal-heur voulut que la principale occupation à laquelle l'intimée s'attacha fortement pendant cette absence

du sieur de S. Geran, fut la lecture continuelle des Romans, quoy que la Dame Mareschale sa mere l'aduertit souuent de quitter cette estude qui est dangereuse principalement en cét âge. Le sieur de Saint-Geran estant retourné d'Italie sur la fin de l'année 1620. il demeura auec l'intimée, & tous deux auec Monsieur le Mareschal & Madame la Mareschale leurs pere & mere, qui fournissoient tout ce qui estoit de leur dépense, sans qu'ils eussent autre soin que de se diuertir, aussi ils auoient beaucoup d'amour l'vn pour l'autre, estans continuellement ensemble, & eux & leurs pere & mere, souhaitans extraordinairement de leur voir des enfans ; pour ce sujet ils firent diuers pelerinages, & vserent de toutes les precautions que leur prudence & les consultations des Medecins leur pouuoient suggerer. Monsieur le Mareschal de S. Geran deceda le deuxiéme Decembre 1632. auec beaucoup de desplaisir de n'auoir point veu d'enfans à son fils, qui seul pouuoit porter son nom apres le decez de Monsieur le Mareschal ; la Dame sa vefue n'a point passé en secondes nopces, elle a conserué son affection à l'intimée aussi entiere qu'elle auoit eu pendant la vie de Monsieur le Mareschal de S. Geran. Elle auroit eu vne tres-grande joye de luy voir des enfans du sieur de S. Geran, neantmoins, iusqu'au mois de Nouembre 1640. il n'y a eu aucun discours, n'y aucune mention de grossesse de l'intimée ; Voicy ce qui en a paru dans la Famille, toutes les circonstances en sont à obseruer.

Le vingt-troisiesme iour de Nouembre 1640. l'intimée partit du Chasteau de S. Geran pour venir en cette ville de Paris passer l'Hyuer & le Carnaual, dans le dessein innocent de s'y réjoüir. La Dame Mareschale sa mere estant en cette ville, le feu sieur de S. Geran ne voulut pas venir à ce voyage, mais il demeura dans la Prouince de Bourbonnois, l'intimée quitta le feu sieur de S. Geran son mary le troisiesme Nouembre 1640. le matin ayant pris congé de luy, l'intimée fit ce voiage auec Damoiselle Suzane d'Aumale, fille du sieur d'Haucour & la Damoiselle de Bellefond, qui a esté mariée depuis au sieur Marquis de Villars, que l'intimée amena auec elle pour passer le Carnaual en cette ville. Elles arriuerent le soir à la couchée, au lieu de Villeneufue ? Le lendemain matin, les Damoiselles qui accompagnoient l'intimée, estans allées dans sa chambre, où elles la trouuerent au lict, elle leur dit, Qu'elle croyoit estre grosse, & qu'elle auoit senty la nuit remuër son enfant, & qu'elle vouloit s'en retourner à S. Geran : Mais les Damoiselles luy ayant representé qu'il n'y auoit qu'à venir doucement en cette ville de Paris, où elle verroit en quel estat elle seroit quand elle y arriueroit, elle s'y resolut, & le Cocher les y amena le plus doucement qu'il pût, elles y arriuerent le 10. Nouembre 1640. Il se trouuera sur les Liures de Bastoneau Marchand de soye à Paris, que les 21. & 22. Nouembre de cette année, l'intimée acheta des estofes de soye chez luy, tant pour elle que pour la Damoiselle de Bellefond, qu'elle appeloit sa fille ; L'intimée à son arriuée, ayant dit à la Dame sa mere qu'elle se doutoit d'estre grosse, elle luy dit la mesme chose, de se faire conduire doucement par la ville : Mais à la fin du mois de Ianuier 1641. ayant creu qu'elle n'estoit point grosse, pendant tout le temps du Carnaual elle alla au Bal, aux comedies & à toutes les assemblées, comme vne personne qui n'est point grosse, le Carnaual estant passé, & ensuite le Caresme en cette ville de Paris en l'Hostel de S. Geran, chez Madame la Mareschale, l'intimée partit de cette ville de Paris sur la fin du mois d'Auril 1641. pour retourner en Bourbonnois retrouuer le sieur de S. Geran son mary. L'intimée passant à Bussiere dans l'Hostellerie, estant entrée dans le jardin, se mit à bescher la terre, & ayant fait quelque effort, elle creût sentir remuër vn enfant, elle appelle la Damoiselle de Sallans, à qui elle le dit ; Et continüa son voiage en Bourbonnois, elle y arriua au commencement du mois de May, & en arriuant elle crût qu'elle estoit grosse, & elle fit part de cette bonne nouuelle au sieur S. Geran, Que si cette nouuelle eust esté veritable, il auroit fallu qu'elle eust esté grosse dés lors qu'elle auoit quitté le sieur de S. Geran, qui estoit au commencement de Nouembre 1640. partant au commencement du mois de May 1641. elle deuoit estre grosse au moins de six mois accomplis, & elle deuoit estre

Inuentaire des appellants, cotte C. Et leur 2. inuentaire cotte H.

Voir l'Inuentaire des appellans cotte E. premiere piece.

A iij

au commencement du septiefme mois , & elle deuoit accoucher fur la fin du mois de Iuin , ou au commencement de Iuillet 1641. le fieur de S. Geran qui croioit que
cette nouuelle de la groffeffe de l'intimée fût veritable,
l'efcriuit auffi-toft à la Dame Marefchalle fa mere , & la
conuia de venir en Bourbonnois affifter à fes couches, &
prendre part à leur ioye. Madame la Marefchalle de S. Geran , qui eftoit vne femme fort fage , fort ferieufe & fort
affectionnée à l'intimée fe refolut d'en faire le voiage, le
fieur de S. Geran y inuita auffi Dame Iacqueline de la
Guiche Marquife de Boüillé fa fœur , laquelle ayant fceu
la venuë de la Dame Marefchale alla au deuant d'elle iufqu'en la ville de Moulins , & l'intimée fe fit porter en
Chaize iufqu'à vne licuë de S. Geran pour la receuoir ,
elles s'en allerent toutes à faint Geran de compagnie ,
où elles arriuerent le 7. Iuillet 1641. le lendemain les perfonnes qui eftoient prefens , dirent à la Dame Marefchale
*qu'elle deuoit donner vne layette pour l'enfant , qu'il ne fal-
loit pas attendre que l'intimée fut accouchée pour faire venir
les chofes neceffaires de Paris ;* C'eft pourquoy la Dame
Marefchalle ayant dit , qu'elle vouloit fournir la layette,
l'intimée fit efcrire vne lettre le 9. Iuillet 1641 par Frifon
Secretaire du fieur de S. Geran à la Haye Orféure de
cette ville de Paris , au nom de la Dame Marefchale ,
par laquelle elle le prioit *de luy enuoier vn poiffon & vn
hochet pour fon petit fils , dont fa fille deuoit accoucher dans
fix ou fept iours.* Elle figna cette lettre , qui eft vne piece
que l'intimée a depuis rapportée , pour dire que la Dame
fa mere auoit eu cognoiffance de fa groffeffe , & qu'elle
a fait prefenter aux appelantes pour la reconnoiftre ; Depuis , la Dame Marefchale manda la Dame de Saligny,
qui eftoit fœur de Monfieur le Marefchal de fainct Geran,
& tante de l'intimée , pour venir à faint Geran affifter
auffi aux couches de l'intimée , ce qu'elle fit ; Ainfi , toute
la compagnie eftant affemblée , cét accouchement qui
deuoit arriuer au 15. Iuillet 1641. n'arriua point , au contraire , l'intimée eut fes ordinaires de mefme que les femmes qui ne font point groffes ; Encore que l'intimée fut
conuaincuë par cette preuue naturelle & inuincible , ne-

Voir le pre-
mier inuen-
taire des ap-
pellantes ,
cotte F.

antmoins d'vn cofté elle auoit tant de paffion d'auoir vn
enfant, & d'autre cofté elle auoit tant de honte de s'eftre
trompée , qu'elle ne voulut point auoüer qu'elle ne fut
groffe, foutenant opiniatrement qu'elle l'eftoit, & qu'elle
auoit fenti remuer fon enfant. La Dame Marefchalle eut
quelque aduis que l'intimée eftoit tellement tranfportée
de cette fantaifie, qu'elle s'eftoit refoluë de fuppofer plu-
toft vn enfant, & de prendre celuy d'vne femme du Bourg
de faint Geran, qui eftoit groffe & prefte d'accoucher dans
le mefme temps, ce qui fut caufe que la Dame Marefchalle commanda à fes Damoifelles & à fes Femmes de
chambre de ne point abandonner l'intimée, ce qui fut
obferué tres-ponctuellement; & depuis le 15. Iuillet mil fix
cens quarante & vn iufqu'à la fin de l'année, l'intimée n'a
iamais efté fans auoir auprez d'elle quelque Damoifelle ou
quelque femme de chambre de la Dame Marefchalle
fa mere, & il y en auoit fouuent plufieurs autres pour
luy rendre feruice & prendre garde à ce qui fe pafferoit;
L'intimée auoit vn Medecin nommé des Effarts, qui par
complaifance, ou pour ne luy pas déplaire, l'entretenoit
dans cette fantaifie d'eftre groffe, la Dame Marefchale
manda à S. Geran les nommez Chauuain & de Lorme,
qui eftoient les plus fameux Medecins du Bourbonnois,
pour confulter auec des Effarts la groffeffe de l'intimée;
Elle manda encore vn nommé Dupré, Medecin de Cuffet,
lefquels tous apres auoir veu l'intimée, dirent qu'elle n'e-
ftoit point groffe; L'intimée fe piqua tellement de cette
confultation, qu'elle menaça de faire donner cent coups
& les eftriuieres à Dupré. La Dame Marefchalle manda
encore les Sages-femmes les plus expertes de Moulins &
de Saint Pourny, qui apres auoir veu l'inthimée, refpon-
dirent *qu'elle n'eftoit point groffe.* Tout le mois de Iuillet
fe paffa fans qu'elle accouchaft; D'autre cofté la femme du
Bourg de Saint Geran accoucha, fans qu'on y peût faire
fraude, parce qu'elle eftoit obferuée, apres cela l'intimée
dit qu'elle accoucheroit au 15. ou au 16. du mois d'Aouft
1641. mais ce temps eftant encor paffé, elle dit que ce
feroit pour le 15. ou 16. Septembre enfuiuant. Pour cét
effet l'intimée entreprit vne chofe fort violente les 7. & 8.

Voir ledit premier inuentaire cotte F.

Voir ledit premier inuentaire cotte F.

Septembre 164. elle prit le carroffe à fix cheuaux de la
Dame fa Mere, fe mit dedans auec la Sage-femme, nommée Louyfe Goliard, les deux Quinets fœurs, fes femmes
de Chambre, & quelques autres ; & s'eftant imaginée que
l'enfant duquel elle croyoit eftre groffe tenoit aux mem-
branes de fon eftomach, pour le détacher, elle eftant for-
tie du Chafteau dans les champs , commande au Cocher
d'aller au grand trot à trauers des fillons qui eftoient nou-
uellement dépoüillez de bled, & qui font fort haut dans
ce Païs, pour voir fi l'efbranlement du carroffe n'auance-
roit point l'accouchement qu'elle vouloit : mais apres de
grandes fecouffes & de furieufes fatigues, elle reuint au
Chafteau fans accoucher ny eftre plus auancée. Il eft vray
que pendant ce temps, le Marquis de S. Maixant vint au
Chafteau de S. Geran auec vn valet feulement , lequel il
renuoya à l'Hoftellerie, & il demeura feul de fa compagnie dans le Chafteau quelque temps, d'où il fe retira apres
les 15. & 16. Septembre, & tout le mois fe paffa fans que l'intimée accouchaft, n'eftant iamais feule, mais y ayant toufiours vne Damoifelle ou vne femme de chambre de la
Dame Marefchalle qui luy tenoient compagnie ; la Dame
Marefchalle ne voulut point quitter l'intimée qu'elle n'eût
vû la fin de cette affaire. Le 15. d'Octobre 1641. elle efcriuit vne lettre de fa main au fieur Duryer fon Intendant,
par laquelle elle luy manda entr'autres chofes ces mefmes
mots, *Ma fille n'eft point accouchée.* Le 17. Nouembre 1641.
elle efcriuit vne autre Lettre à la Damoifelle du Saux
qui l'auoit autresfois feruie, & qu'elle auoit mariée à vn
Gentilhomme de Normandie, par laquelle elle luy manda ces paroles : *Ie fuis bien fafchée de ne pouuoir pas vous*
mander que ma fille la Comteffe foit mere d'vn beau garçon,
mais au lieu d'auoir cette ioye , ie fuis dans la crainte qu'elle
ne foit pas groffe , elle ne veut pas que ie la quitte, & i'y
fuis refoluë , iufqu'à ce qu'elle ait paffé les neuf mois de fon
retour auprés de fon mary. Pendant ce temps, l'intimée tef-
moignoit vn grand regret de s'eftre trompée, & d'auoir
creu eftre groffe, la Dame de Salligny & la Dame Marquife de Boüillé demeurerent iufqu'a la S. Martin pour la
confoler ; elle s'imaginoit que ce luy eftoit vn grand affront

de

de s'estre mesprisé en cela. Enfin le 9. mois du retour de l'intimée de cette ville auprés de son mary s'estant escoulé, au mois de Ianuier 1642. la Dame Mareschale partit de S. Geran pour reuenir en cette ville, & la seule priere que l'intimée luy fit tres-instamment en se separant d'elle, fut de faire en sorte qu'elle ne passast pas pour folle dans le monde, d'auoir creu estre grosse encor qu'elle ne l'eust pas esté, elle auoit fait la mesme priere aux autres Dames à leur depart. Tout ce sejour de la Dame Mareschale à S. Geran se iustifie par les Liures de son Maistre d'Hostel, les sieur & Dame de S. Geran auoient lors pour Maistre d'Hostel Iacques de Beaulieu, qui est decedé à leur seruice en l'année 1648. Depuis ce temps il n'a point esté parlé de cette grossesse ny de l'accouchement de l'intimée, iusqu'en l'année 1649. il faut voir comment l'intimée a posé son fait, duquel il est necessaire de peser exactement toutes les circonstances qui en sont alleguées par l'intimée, d'autant qu'encore qu'elle ait long-temps estudié ce Roman, elle ne l'a pû si bien déguiser, que la supposition & la fable ne s'y descouurent en plusieurs endroits : L'intimée commence à dire qu'elle est partie de Moulins pour venir en cette ville de Paris le 20. Nouembre 1640. ce premier fait est conuaincu par escrit de fausseté, d'autant que les appellantes par le compulsoire qu'elles ont fait faire du regiftre dudit Bastonneau, Marchand en cette ville, elles ont iustifié qu'elle estoit à Paris depuis le 22. de ce mois, ayant acheté chez ledit Bastonneau huit aulnes de velous pour la Damoiselle de Bellefonds ; qu'elle auoit amenée en cette ville auec elle, & qu'elle appelloit sa fille. L'intimée dit, que deffunte Madame la Mareschale sa Mere, & la Dame de Ventadour ont senty remuer l'enfant dans son ventre : mais les appellantes dénient absolument ce fait qui est supposé ; & s'il estoit veritable, deffunte Madame la Mareschale n'auroit pas tant pris de peine de desabuser l'intimée de la pensée qu'elle a euë vraye ou feinte, d'estre accouchée.

Hic. Idem cotte C. dudit Inuentaire.

L'intimée pour establir le fait de son accouchement dit, que les douleurs de l'enfantement l'ayant saisie, & estant tombée en des conuulsions, le monde qui y estoit present augmentoit sa peine ; c'est pourquoy on fit retirer

tous ceux qui estoient dans sa Chambre : mais outre que
les appellantes iustifieront bien qu'elle n'a iamais esté en
douleur ny en trauail d'enfant ; d'ailleurs ce fait n'a aucune vraye-semblance , d'autant qu'il est inoüy & sans exemple , que quand vne femme est en trauail , principalement
d'vn premier enfant , & mesme vne femme de qualité ,
on fasse retirer sa mere , & non seulement sa mere , mais
encore toute sorte de filles & de femmes ses domestiques ;
car pour les hommes cela se peut , & les femmes en peuuent auoir de la pudeur , quand aux filles & aux femmes
estrangeres cela se peut encore , pour euiter le bruit & la
confusion qu'elles peuuent faire dans la chambre , mais
d'en exclure vne mere , & vne mere sage & vertueuse ,
telle qu'estoit deffunte Madame la Mareschale de S. Geran,
cela est vne chose impossible à faire & à imaginer ; au
contraire si on l'auoit voulu faire sortir de la chambre , elle
en auroit plûtost fait mettre les autres dehors , parcequ'-
vne mere a autorité proche de sa fille : D'ailleurs , elle
estoit venuë de cette ville de Paris exprés pour assister à
ses couches ; dauantage , il est certain que plus vn trauail
est grand & dangereux , plus les femmes qui sont en cét
estat ont besoin d'estre secouruës , soulagées & animées :
Or il n'y auoit personne qui pût mieux le faire que la
Dame Mareschale , qui estoit mere & bonne mere , &
qui auoit eû des enfans , & qui sçauoit quel secours il falloit
apporter à ces trauaux ; Pareillement il y a des seruices absolument necessaires à des femmes qui ont de longs trauaux,
comme pour chauffer les linges , pour donner des lauemens,
pour soulager , remuer & presser les membres destinez à
cette operation , pour leuer & coucher vne femme qui est
en trauail ; ce qui ne se peut faire sans assistance de filles &
de femmes domestiques qui doiuent estre presentes , c'est
pourquoy il est impossible que l'intimée estant dans vn long
trauail d'enfant , on ait pû faire retirer de la chambre & sa
mere & toutes ses domestiques.

Mais ce que l'intimée adiouste , qu'il n'y eut que la Dame
Marquise de Boüillé qui demeurast dans la chambre , est
tout à fait faux & incroyable : car de dire que la Dame de
Boüillé , qui n'estoit que la sœur de l'intimée , eust eû plus
de priuilege que sa mere , cela n'a aucune raison ; de dire

que la Sage-femme l'ait fait demeurer, parce qu'elle eftoit
de fa confpiration, il faut auoir perdu le fens, d'autant qu'il
faut confiderer quelle eftoit la qualité de cette Sage-femme;
c'eftoit vne pauure femme de village qui ne pouuoit auoir
aucun credit dans la maifon, ny dans la chambre de l'intimée, pour y faire demeurer pluftoft la Dame de Boüillé,
que Madame la Marefchale fa mere.

His. Narré dudit Inuentoire, cota I. & l'Interrogatoire prefté par la Gelliard, Sage femme.

Il y a auffi peu d'apparence en ce que l'intimée adioûte, qu'apres que tout le monde eut efté chaffé de la
chambre, dans laquelle elle eftoit en trauail d'enfant, que
la Dame mere & les fœurs de l'intimée, & fes autres parens
en grand nombre, fe foient contentez d'enuoyer pendant
la nuit, fçauoir à la porte de la chambre, comment elle fe
portoit, & qu'elles fe contentoient de ce qu'on leur ref-
pondoit à trauers de la porte que tout alloit bien; qui eft-ce
qui pourroit s'imaginer qu'vne mere qui auoit vn amour
ardent pour fa fille, euft pû prendre le fommeil eftant dans
la mefme maifon, fçachant qu'elle eftoit en trauail d'enfant, & qu'elle fe fuft contentée d'enuoyer fçauoir au trauers d'vne porte comment elle fe portoit, & qu'elle euft
voulu s'en fier à vn difcours de valets, fans y aller elle-
mefme, & qu'elle n'euft pas fait ouurir la chambre, & qu'elle
n'euft pas voulu voir elle-mefme en quel eftat elle eftoit;
certainement cela eft contre tous les principes des mouue-
mens de la nature.

L'intimée, apres cela, pofe vn fait bien plus eftrange, qui
eft qu'elle fe fentit deliurée, & neantmoins qu'on luy propo-
fa d'attendre vn nouueau trauail d'accouchement; apres
trois iours que la Dame Marefchale fa mere y contribua
innocemment, parce qu'autre fois ladite Dame Marefchale ayant efté trompée en vne de fes couches, elle n'eftoit accouchée que fix femaines apres qu'elle auoit crû eftre à fon
terme. Mais cette raifon eft tout à fait hors de propos, puis
qu'il fe peut faire, & il arriue quelquefois que des femmes s'a-
bufent en la croyance qu'elles ont du terme auquel elles
doiuent accoucher: mais il n'arriue iamais qu'vne femme
qui eft dans vn long trauail (comme l'intimée dit qu'elle
eftoit) n'accouche que fix femaines apres, parce que des
trauaux ne durent iamais tant de temps.

Quant à la Dame de Boüillé, l'intimée n'en fçauroit rien

dire , ny iuſtifier , qui puiſſe donner aucun mauuais ſoupçon de ſa conduite en cette action , ayant touſiours veſcu
dans l'honneur ; & l'intimée n'a iamais eû le front , ny la
hardieſſe de l'accuſer de cette impoſture , & ſi elle l'auoit
entrepris , elle l'auroit confonduë & conuaincuë de four-
be & de ſuppoſition : Neantmoins c'eſt vne tres-grande ma-
lice à l'intimée , de dire que la Dame de Boüillé euſt promis
mariage au Sieur de ſaint Maixant pendant ce temps du
faux accouchement de l'intimée , eſtant mariée & eſtans
parens ; il faut que l'intimée couue dans ſon eſprit beaucoup
de calomnie , pour aduancer vne ſi grande fauſſeté contre
l'honneur de ſa belle-ſœur , apres ſa mort : D'autre coſté,
c'eſt vne choſe tout à fait dénuée de raiſon & d'apparence,
ce que l'intimée dit , qu'encore qu'elle ſe crut accouchée,
neantmoins que ſa mere la fit encore attendre ſix ſemaines
dans ſon lict , comme ſi elle ne l'euſt point eſté , & qu'elle
n'oſa pas luy monſtrer des preuues de ſon accouchement.
Qui eſt la perſonne au monde à qui , eſtant accouchée, on
pût perſuader qu'elle ne l'eſtoit pas , & qui fût aſſez retenuë
pour n'en donner pas quelque marque à ſa mere ? Il faut
auoir perdu le ſens pour tenir des diſcours de cette qualité;
ſi l'intimée a dit qu'elle auoit fait ſentir à la Dame ſa mere
ſon enfant , qui remuoit dans ſon ventre auparauant que
d'accoucher , elle pouuoit auoir aſſez d'aſſeurance pour luy
faire ſentir , en maniant ſon ventre , qu'elle eſtoit accouchée : mais d'autre coſté il y a tant de preuues naturelles, neceſſaires & inuincibles , qui accompagnent l'accouchement
d'vne femme , qu'il eſt impoſſible qu'elle & ſes domeſtiques,
& tous ſes proches qui l'aſſiſtent , y ſoient trompez ; il n'eſt
point beſoin de les exagerer icy , la Cour les peut aſſez conceuoir ; & on peut dire que la nature eſt ſi feconde & abon-
dante aux ſignes exterieurs qu'elle en donne ; que ſi Madame la Mareſchale pouuoit douter que l'intimée ne fût accouchée , il eſtoit impoſſible qu'elle n'en fût conuaincuë;
eſtant à obſeruer que l'intimée n'a pas oſé dire que ſa mere
ait iamais eû la penſée de luy vouloir faire perdre ſon
fruit.

Mais ce que l'intimée adiouſte , & qu'elle a eſté contrainte
de confeſſer , eſt , qu'elle dit , qu'apres le temps auquel elle
dit qu'elle eſtoit accouchée , la Sage-femme la fit mettre

en carrosse, & la fit promener dans la campagne au trauers
des sillons, sous pretexte de faire détacher son enfant des
lombes, à quoy sa forte complexion resista, encore qu'il luy
en soit demeuré vn mal de costé; certainement ce fait est
de tres-grande consideration, parce qu'encore que l'intimée n'auoüe pas que ce fût dans vn carrosse à six cheuaux,
dans lequel on l'a fit courir à bride abatuë au trauers des sillons qui estoient hauts; il faut aduoüer qu'il est impossible
que l'intimée eust voulu souffrir vne secousse si rude & si longue, si elle-mesme n'eût reconnu que ses flancs estoient
aussi gros & aussi pleins qu'au temps auquel elle dit qu'elle
estoit accouchée, cependant elle a esté contrainte de con-
fesser ce fait, parce qu'elle sçait bien qu'il y a cent personnes
qui en peuuent deposer.

L'intimée, apres toutes ces grandes agitations, finit par
vne estrange conclusion; qu'elle demanda à Dieu qu'il luy
fist retrouuer son enfant, s'il estoit expedient à son salut.
Voilà vne belle conclusion d'vne priere si importante, &
comme si vne mere qui auroit veritablement accouché, pouuoit oublier ainsi son enfant, *potest mulier obliuisci filij sui?*
comme parle l'Euangile: mais il y a deux contradictions fort
importantes à obseruer au fait dont il s'agit; La premiere est, qu'on ne sçauroit reconnoistre si l'intention de l'intimée est de dire qu'elle soit accouchée au mois de Iuillet, ou
d'Aoust 1641. Au feüillet 19. de ses causes d'appel; elle a
dit que c'estoit au mois de Iuillet, & au feüillet 31. elle dit
que ce fut au mois d'Aoust; L'autre contradiction est, que
dans ses Requestes elle a dit qu'elle estoit accouchée sans
douleur, par l'art magique de la Sage-femme; & à present
elle dit qu'elle est accouchée dans les douleurs de l'enfantement, sans neantmoins qu'elle ait fait grand bruit qui ait
éueillé personne de la maison, qui autrement seroit venu à
son secours; Comment est-ce que tout cela se peut accorder?

La Cour est tres-humblement suppliée de remarquer ce
que l'intimée a dit apres, qu'au mois de Nouembre 1641.
elle ne se trouua plus grosse, & neantmoins que le lait luy
parut; qu'elle est la femme, à qui, estant accouchée au
mois de Iuillet, ou d'Aoust, le lait ne paroisse qu'au mois
de Nouembre; cela est ridicule, dans deux ou trois iours le

laic paroist aux femmes accouchées, & il paroist auec abondance , comme chacun sçait.

L'intimée dit , qu'elle creut qu'on luy auoit enleué son
enfant en Nouembre 1641. & si cela est , pourquoy n'en
auoir fait au moins vne plainte ? pourquoy n'en auoir pas demandé compte à la Sage-femme qui l'auoit accouchée? pourquoy ne l'auoir pas accusée aussi-tost , puis qu'il n'y auoit
personne qui le pût mieux sçauoir qu'elle ; Si elle estoit demeurée seule dans la chambre auec la Dame de Boüillé ,
pourquoy n'en auoir pas accusé la Dame de Boüillé , pourquoy n'en auoir point parlé à la Dame Mareschale sa mere?
qui demeura auec elle iusqu'au 15. de Ianuier 1642. comme les appellantes le verifieront. Au lieu de cela , l'intimée
dit qu'elle est retournée en cette ville de Paris , où ayant
consulté des Medecins , & des Sage-femmes , ils l'ont asseurée qu'elle estoit accouchée ; Certainement voilà vne
belle procedure ; vne Dame de condition accouchée en
Bourbonnois, qui s'est crû accouchée , & qu'on luy a enleué son enfant , au lieu de s'en prendre à sa Sage-femme , à
ses domestiques , & à celles qui l'ont assisté ; en vient demander des nouuelles à des Medecins , & à des Sage-
femmes de Paris? Mais où sont ces consultations des Medecins , & des Sage-femmes , qu'elle a dit auoir consulté,
pour voir les raisons sur lesquelles ils se sont fondez ? l'intimée n'en rapporte aucune ; & neantmoins si cela eust esté
vray, la consequence en estant si grande , l'intimée auroit-
elle negligé de les rapporter & de les conseruer ? cela n'est
pas croyable. L'intimée adiouste vne autre belle preuue en
Iustice, qui est qu'elle a fait des vœux pour recouurer son
enfant, & qu'enfin cét enfant si cher & inconnu , luy a esté
rendu sous le nom du neveu de Beaulieu son Maistre d'Hô-
tel : Voilà iustement la Fable toute accomplie ; car dans les
Fables, quand on ne sçait plus où se tourner, on fait paroî-
tre *Deus è machinâ* , cela est si commun , qu'il a passé en
Prouerbe dans les Fables, & dans les Comedies.

L'intimée dit enfin, qu'elle est accouchée en Iuillet 1641.
d'vn fils, auquel la Sage-femme, quand il vint au monde,
pressa la teste du poulce , qu'elle ne le pût tuer : voilà encore
vne belle imagination, comme s'il y a personne qui se puisse
figurer, que si la Sage-femme auoit eû l'ame assez noire

pour vouloir eſtouffer cét enfant en venant au monde,
eſtant ſeule dans la chambre de l'intimée, elle ne l'auroit
pas pû faire tres-facilement ; & ſi elle n'auoit pas pû dire
pour ſa décharge, que l'enfant auoit eſté eſtouffé au paſſa-
ge, comme cela arriue quelquefois par accident ? L'intimée
adiouſte, que cét enfant, ainſi nouueau né, fut déliuré par
la Sage-femme, à Beaulieu, Maiſtre d'Hoſtel, qui auoit
eſté gagné par la Dame de Boüillé, & le Sieur de S. Maixant:
voilà encore vn fait bien incroyable ; pourquoy de Beaulieu,
qui auoit eſté toute ſa vie au ſeruice du Sieur de S. Geran,
duquel il auoit toute ſorte de recompenſe à eſperer, qui luy
auoit ſeruy de ſecond en vn combat, qui auoit vne affection
& des obligations tres-grandes pour le Sieur & Dame de
S. Geran, ſe ſeroit laiſſé gagner & corrompre pour commettre vne action ſi lasche ? cela, ſans doute, n'auroit pû ſe
faire ſans vne tres-groſſe ſomme d'argent, puis qu'il pouuoit
eſperer beaucoup des Sieur & Dame de S. Geran. Surquoy
il faut reprendre ce que l'intimée a dit auparauant, que la
Dame de Boüillé eſtoit mal auec ſon mary ; où eſt-ce qu'elle
auroit pû prendre tant d'argent qu'il euſt fallu, meſme ſur
le champ, pour corrompre ce valet ? Le Sieur de S. Maixant
demeuroit en Guyenne, où auroit-il enuoyé querir tant
d'argent ? D'ailleurs, ſi apres la mort, ou le diuertiſſement
de cét enfant, la Dame de Boüillé & le Sieur de S. Maixant
euſſent eſté aſſeurez que la Dame intimée & le Sieur de S.
Geran n'auroient pû iamais auoir d'autres enfans, cela auroit-il pû ſe conceuoir auparauant que tout ce deſſein pût
reüſſir ; il falloit que la Dame de Boüillé perdiſt ſon mary
auparauant que de pouuoir ſe marier enſemble; d'autre coſté,
le Sieur de S. Geran & l'intimée pouuoient auoir d'autres
enfans, le Sieur de S. Geran pouuoit ſuruiure l'intimée &
ſe marier à vne autre, & en auoir des enfans. Cependant
toutes ces choſes eſtant incertaines, quelle apparence y a-
t'il de ſe perſuader, que la Dame de Boüillé & le Sieur de
S. Maixant euſſent voulu hazarder vne ſi groſſe ſomme
d'argent qu'il en auroit fallu pour ſuborner cét ancien domeſtique & tres-affidé aux Sieur & Dame de S. Geran, pour
luy faire commettre vne ſi noire & ſi cruelle trahiſon enuers
vn Maiſtre & vne Maiſtreſſe qui luy eſtoient ſi bons, & deſquels il pouuoit auec le temps auoir de grandes recompen-

ſes? Certainement il faut que l'intimée ſoit frappée d'vne grande imbecillité d'eſprit, de s'imaginer de pouuoir perſuader ce diſcours par ſes larmes eſtudiées ; ou qu'elle ait l'ame bien noire, pour vouloir charger de cette calomnie les cendres & la memoire d'vn fidelle ſeruiteur qui eſt mort ſans reproche à ſon ſeruice.

Mais la ſuite de ce cruel deſſein eſt encore bien mal conduite, parce que ſi la Dame de Boüillé, & le Sieur de S. Maixant eſtoient capables d'vne ſi grande barbarie, pourquoy en faire à demy ? Pourquoy n'auroient-ils pas donné charge à Beaulieu d'eſtouffer cét enfant, & de le ietter dans vne riuiere, ou de l'enfoüyr de nuit au milieu d'vn champ, ou de l'expoſer à vingt ou trente licuës dans vn foſſé ? ou s'il eſtoit plus pitoyable que cela, de l'expoſer la nuit dans quelque Ville, ou dans quelque Bourgade, à la porte du Curé, ou de l'Egliſe, en quelque lieu où il n'auroit pû eſtre reconnu : Car quand on veut ſe défaire d'vn enfant, duquel on craint la vie, on le fait par tous ces moyens, leſquels ſont tous faciles ; & on ne voudroit pas eſtre en peine de reuoir vn enfant duquel on auroit achepté la perte ſi chere ; L'intimée a dit, que la Dame de Boüillé ſe défiant de l'eſprit du Sieur de S. Maixant, auoit empeſché de tuer l'enfant ; mais cela eſt du tout eſloigné de la raiſon, puis que l'vn, ny l'autre n'eſtoient en eſtat de pouuoir contracter aucun Mariage. Tout le reſte du recit de l'intimée eſt également fabuleux ; car elle dit que cét enfant fut emporté par Beaulieu, accompagné d'vn homme du Sieur de S. Maixant. Quel eſt le nom de cét homme ? qu'eſt-il deuenu ? que luy a-t'on donné pour eſtre le complice de ce crime capital ? l'intimée n'en dit rien. Elle dit que Beaulieu ſortit de ſa chambre ; Eſt-ce de nuit, ou de iour ? cela ne ſe dit point : Elle dit qu'il ſortit portant cét enfant emmaillotté dans vne petite corbeille ; il auroit fallu beaucoup de temps pour mettre cét enfant en cét eſtat, & afin que perſonne ne s'en fuſt apperceu, & que tout euſt eſté preſt pour l'enleuer. Elle dit que Beaulieu ſortit de ſa chambre par vne porte qui ſort ſur le foſſé : Mais comment eſt-ce, puis que tous ceux de la maiſon eſtoient en peine de l'Intimée, qui eſtoit en trauail, & qu'on venoit en demander des nouuelles à la porte de la chambre; il n'y auoit perſonne à cette porte qui ait veu enleuer cét

enfant:

enfant : L'intimée dit , que cette porte répondoit à vn Pont qui alloit dans le Parc ; quelle apparence y a-t'il que ce Pont ne fût pas leué pendant la nuit, & mesme pendant que l'intimée estoit en trauail ; qui est-ce qui a abaissé le Pont-leuis? cela ne se dit point , au contraire il est certain qu'il y auoit plus de vingt ans qu'il n'y auoit aucun Pont en cét endroit : Mais les appellantes adiouftent, qu'il est impossible , que quand Beaulieu euft voulu emporter cét enfant par cette porte, il l'euft pû faire ; pour l'intelligence de quoy il est necessaire d'obseruer ce que les appellantes offrent de verifier par l'infpection des lieux , qui font de telle forte , que la chambre dans laquelle l'intimée dit eftre accouchée, a trois portes ; l'vne dans l'appartement , & la chambre dans laquelle le feu Sieur de S. Geran couchoit ; l'autre dans vne autre chambre qui eftoit au bout de la grande falle baffe ; & la troifiéme , fur vne terraffe entourée de bons foffez, reueftus d'vne autre muraille de brique , flanquée de deux Pauillons, dans l'vn defquels, qui eftoit le plus proche de cette chambre de l'intimée , les valets de chambre du feu Sieur de S. Geran couchoient, & de laquelle terraffe on ne peut fortir que par la porte de la grande falle , & venir dans la court du Chafteau, qui eft auffi fermée de grands foffez, reueftus de murailles, de laquelle on ne peut fortir que par la porte qui eft fermée d'vn Pont-leuis ; il en eft de mefme de la baffe court qui eft apres, ce qui eft tres-veritable ; De forte que Beaulieu n'auroit pû paffer auec cét enfant que par la grande porte, ou la petite, qui eft tout contre , & aufquelles il y a vn Pont-leuis à chacune ; & quant au Parc, il eft tout fermé de murailles de plus de douze pieds de haut, de forte qu'vn homme n'y peut paffer fans vne efchelle , & il n'y a aucune bréche ; de forte qu'il auroit efté impoffible que Beaulieu y euft pû paffer auec cét enfant, ce qui fe peut iuftifier par l'eftat des lieux, s'il plaift à la Cour ordonner qu'vn de Meffieurs fe tranfporte fur iceux , au cas qu'elle le iuge neceffaire, pour montrer que les appellantes ne refufent aucune forte d'inftruction, pourueu qu'elle foit legitime : Mais pour fuiure le fait de l'intimée, comment eft-ce que Beaulieu a tranfporté cét enfant hors de la maifon de l'intimée , eft-ce à pied, ou fur vn cheual ? cela ne fe dit point ; cependant elle fait faire vn grand chemin à Beau-

C

lieu auec cét enfant ; elle dit qu'vne femme luy donna à
tetter fur le chemin au Port de la Corde ; c'eſt fe mocquer
de s'imaginer qu'vn enfant nouueau-né , qui à peine peut
ouurir les levres pour prendre du laict , ait pû prendre vne
prouiſion de laict , à tetter vne fois, pour tout le grand chemin qu'il auoit à faire , porté par vn homme qui eſtoit à pied,
ou fur vn cheual , pendant la chaleur de l'Eſté; cela eſt ridicule & impoſſible. Il y a auſſi peu d'apparence qu'vn enfant
ſi nouueau-né ait pû eſtre mis ſur vne charette d'vn Char-
tier d'Aigueperſe, comme l'intimée dit, ſans que perſonne
le tint ſur cette charette ; ſi Beaulieu eſtoit à cheual, ou s'il
eſtoit à pied, comment auroit-il pû faire tant de voyage?
cela ne ſe peut faire non plus; C'eſt vne pareille réverie, de
dire que l'hoſteſſe de la maiſon où cét enfant arriua ſur cette
charette, à la dînée , eſtant nourrice , luy donna à tetter, &
qu'elle le laua, comme ſi lors que cét enfant a eſté enleué,
comme on le pretend, il auoit eſté encore tout ſanglant , &
neantmoins l'intimée a dit qu'il auoit eſté enleué tout emmaillotté de ſa chambre ; comment eſt-ce que cela ſe peut
accorder ? comment eſt-ce qu'vn enfant nouueau-né qui
auroit eſté tranſporté de la Prouince de Bourbonnois en
celle d'Auuergne & d'Aigueperſe à Rion, auroit fait tout
ce voyage ſans auoir tetté qu'vne fois? comment auroit-il
pù viure ?

Enfin l'intimée dit , que Beaulieu porta cét enfant vers
l'Abbaye de Lauoine, où la Dame de Boüillé auoit ſa demeure, qu'il a eſté nourry à Eſcoutoux, prés Tiers , quelque temps, qu'il le laiſſa à vne nourrice à qui il auança vn
mois ; & puis l'intimée adiouſte, que ceux qui l'emporte-
rent prirent le chemin de la Prouince de Bourgogne, au trauers des bois ; neantmoins l'intimée auoit dit que c'eſtoit
Beaulieu ſeul qui l'auoit enleué , & elle dit qu'en paſſant en
Auuergne il auroit renuoyé le valet de S. Maixant: Comment eſt-ce donc qu'ils auroient eſté pluſieurs à le r'emp-
porter par les bois de Bourgogne, ſi Beaulieu eſtoit ſeul ? Il
eſt impoſſible que le menſonge ſoit ſans contradiction : mais
il en faut examiner les autres circonſtances : Pourquoy la
Dame de Boüillé auroit-elle fait porter vn enfant au lieu
où elle demeuroit, pour l'y faire nourrir, duquel elle auoit
marchandé la mort , comme il a eſté dit ? pourquoy ne

l'auroit-elle pas fait eſtouffer dans le pays, puis qu'elle vouloit auoir la ſucceſſion de ſon frere ? Si elle a voulu le faire
nourrir proche d'elle , pourquoy le faire rendre à Beaulieu, pour le porter à ſa belle ſœur en cette ville de Paris?
Comment eſt-ce qu'vne nourrice d'Eſcoutoux, proche de la
ville de Tiers en Auuergne, auroit pris à nourrir cét enfant
de Beaulieu , lequel elle ne connoiſſoit pas , ſans que perſonne luy en euſt répondu? quoy elle ſe ſeroit contentée de
ce que Beaulieu luy auoit dit que cét enfant eſtoit d'vne
des meilleures maiſons de Bourbonnois ? qui eſt la nourrice
qui voulût prendre vn enfant à allaitter d'vn homme inconnu ſur vn ſemblable diſcours ? tout cela n'eſt pas faiſable:
Neantmoins cét enfant ainſi emporté de Bourbonnois en
Auuergne, ayant eſté laiſſé en Auuergne proche de Tiers,
& Beaulieu, qui l'auoit enleué, s'eſtant échappé, & eſtant
retourné furtiuement en Bourbonnois, cét enfant ſe trouue
entre les mains de la Beaulieu en cette ville de Paris : qui
eſt-ce qui luy a mis? l'intimée dit que c'eſt le meſme Beaulieu , mais il faut encore examiner comment cela s'eſt pû
faire.

Premierement, ſi cét enfant a eſté enleué de la chambre
de l'intimée, comme elle dit, tout emmailloté, il faut que
les linges pour l'emmaillotter ayent eſté pris dans la chambre de l'intimée ; comment eſt-ce que le lendemain, qu'elle
dit qu'elle s'eſt creu accouchée, n'a-t'elle point fait voir
au linge qui auoit eſté preparé pour emmaillotter cét enfant?
& comment eſt-ce qu'elle, la Dame ſa mere, & toutes ſes
domeſtiques n'auroient pas veu que les linges & les langes
neceſſaires pour l'emmaillotter n'y eſtoient plus? falloit vne
meilleure preuue pour conuaincre la Sage-femme, & ſur
le champ de la ſuppreſſion de ſa part, & ſi de tous les domeſtiques de la maiſon il ne ſe trouua manquer le lendemain
de ce pretendu accouchement que ledit de Beaulieu, n'é-
toit-ce pas vne preuue qu'il eſtoit le ſeul coupable du vol de
l'enfant ? Comment auroit-il pû paſſer de Bourbonnois en
Auuergne auec vn enfant nouueau-né , auec lequel il ne
pouuoit pas aller vîte , ſans y mettre beaucoup de temps?
Comment eſt-ce que l'intimée, & le Sieur de S. Geran ne
ſe fuſſent pas apperceus de ſon abſence ? quelle excuſe en
pouuoit-il donner? Comment auroit-il oſé retourner chez

les Sieur & Dame de S. Geran apres vn crime ſi deteſtable?
Comment eſt-ce qu'il auroit pû faire vn nouueau voyage
en Auuergne, pour retirer cét enfant, & l'apporter en cette
ville de Paris ? quelle apparence de faire faire vn ſi grand
voyage à vn enfant nouueau-né, du fonds de l'Auuergne
en cette ville de Paris, pendant la ſaiſon de l'Hyuer ? Car
l'intimée dit que cét enfant a eſté baptiſé en cette ville de
Paris en l'Egliſe de ſaint Iean en Greve le 7. Mars 1642. il
faudroit donc qu'il eût eſté ramené de l'Auuergne, l'vn des
pays les plus froids du monde, en cette ville de Paris pendant toute la rigueur de l'Hyuer, ce qui eſt inconceuable:
Mais d'ailleurs , comment eſt-ce que cela s'eſt fait ? par
quelle voye ? comment eſt-ce que ce Beaulieu a pû faire cela
ſans vne longue abſence ? quelle cauſe en a-t'il pris : mais au
contraire il a touſiours eſté dans la maiſon des Sieur & Dame
de S. Geran , faiſant actuellement ſa fonction de Maiſtre
d'Hoſtel , que chacun ſçait eſtre tres-aſſiduë & indiſpenſa-
ble : comment eſt-ce donc qu'il auroit pû faire tous ces
tranſports de cét enfant en tant de lieux? mais à quels dépens? Eſt-ce de Beaulieu ? pourquoy y auroit-il mis ſon argent? Eſt-ce de la Dame de Boüillé? mais pourquoy faire
cette dépenſe, puis qu'elle pouuoit le faire nourrir à petits
frais dans le lieu de ſa demeure ? Certainement cela eſt de
la nature du menſonge, lequel n'ayant point d'eſtre veritable, ne ſubſiſte que dans l'imagination qui ſe forge des chi-
meres compoſées de contradictions.

Neantmoins l'intimée penſe auoir trouué vn bel emplâ-
tre à tout cela, quand elle dit que Marie Pigoreau, qui eſtoit
veufve du frere de Beaulieu , s'eſtoit chargée de cét enfant, moyennant vne ſomme de deux mil liures, & qu'il y
a vn Eſpicier qui en a dépoſé : ô le riche témoin & la belle
preuue pour demeſler tant de choſes qui impliquent tant de
contradictions & d'impoſſibilitez, que le témoignage d'vn
homme ſeul, s'il eſt vray, eſt foible quand il eſt démenty
par tant de circonſtances qui ont precedé, qui iuſtifient
que ſa depoſition eſt d'vne choſe impoſſible : Qui eſt-ce
qui auroit fourny ces deux mil liures ? ce n'eſt pas Beaulieu, peut-eſtre qu'il ne les auoit pas vaillant : mais pourquoy les auroit-il donné du ſien? ſeroit-ce la Dame de Boüillé ? Quoy elle auroit donné de l'argent pour faire rendre à

'intimée vn enfant duquel elle auroit marchandé auparauant la mort ? & où est-ce qu'elle l'auroit pris si elle estoit mal auec son mary ? Et pourquoy est-ce que la Beaulieu, qui auoit tres-peu de bien, auroit voulu prendre le hazard de demeurer chargée à iamais d'vn enfant pour deux mil liures ? car quelle asseurance pouuoit-elle auoir que l'intimée prendroit cét enfant en affection & qu'elle l'en déchargeroit ? cela est inconceuable. Donc il faut auoüer que tout ce que l'intimée a dit iusqu'à present de l'auanture de cét enfant, est impossible en la nature. La Cour verra que la seconde partie du Roman n'a pas plus de couleur ; mais auparauant il faut expliquer la procedure que l'intimée a tenuë en 1649. pour découurir son accouchement pretendu.

En 1649. l'intimée a commencé l'ouurage de la supposition dont il s'agit , elle a eû tousiours tout pouuoir dans la maison & sur l'esprit du Sieur de S. Geran , lequel pour auoir la paix, luy a donné le gouuernement de tout son bien , & luy a laissé tout ce qu'elle a voulu ; Elle a commencé par enuoyer des Gardes du Sieur de S. Geran , qui estoit Gouuerneur de la Prouince , en la ville de Vichy , qui est vne petite ville de Bourbonnois , se saisir de la personne d'vne paure femme nommée Loüise Golliard , veufve en premieres nopces d'vn nommé Denys ; & en secondes, de Denys Vachier , qui estoit la Sage-femme qu'elle auoit mandé au mois de Iuillet 1641. au Chasteau de S. Geran pour l'accoucher ; l'ayant ainsi fait emmener au Chasteau de S. Geran, elle l'a fit mettre dans vn cachot sous terre, dans lequel il y auoit de l'eau à demy iambe , & apres l'auoir tenuë là dedans en vne tres-grande misere , elle luy fit dire qu'il falloit qu'elle declarast en Iustice qu'elle l'auoit accouchée d'vn fils en 1641. au mois d'Aoust , par charme , sans qu'elle en eust senty aucune chose, qu'elle auoit dérobé l'enfant, & qu'elle l'auoit donné à ce Iacques de Beaulieu, qui estoit son Maistre d'Hostel , & qui estoit lors decedé : cette paure femme l'ayant refusée , l'intimée la fit battre & exceder outrageusement par deux femmes , & apres l'a fit remener dans le cachot, & apres qu'elle creut qu'elle seroit en estat de dire tout ce qu'elle voudroit par menaces & intimidations, elle enuoya querir vn nommé de Launay, Lieu-

tenant du Preuoſt des Mareſchaux de Bourbonnois , qui
eſtoit vne creature du Sieur de S. Geran , d'ailleurs homme noyé de debtes pour l'interroger ; Sa plainte fut , que
ſur la fin du mois d'Aouſt 1641. la Goliard , qu'elle auoit
mandé au Chaſteau de S. Geran pour l'accoucher , luy
auoit procuré vn aſſoupiſſement de huit à dix heures par
charmes, dans lequel elle eſtoit accouchée ſans ſentir aucun mal , & la Goliard auoit donné le mal à vne femme de
chambre de la Dame de Boüillé ; que ladite Goliard auoit
donné l'enfant, duquel elle eſtoit accouchée , à Iacques de
Beaulieu, ſon Maiſtre d'Hoſtel ; cette pauure femme, pour
aucunement contenter l'intimée, declara qu'elle eſtoit accouchée d'vne fille mort-née , qu'elle l'auoit enterrée dans la
cour du Chaſteau ſous vn colombier , & qu'elle auoit laué
les linges, qui auoient ſeruy à ſes couches, dans le foſſé du
Chaſteau ; en conſequence dequoy elle fut conduite à l'endroit de ladite court, duquel elle auoit parlé ; on y fit foüil-
ler en ſa preſence , & ne s'y trouua rien.

L'intimée , apres cette premiere procedure , écriuit à la
Dame Mareſchale ſa mere , ce que la Goliard auoit dit par
ſon interrogatoire , & qu'ayant veu l'enfant mort-né , elle
auoit creu que l'intimée en auroit eû tant d'affliction, qu'elle
eut peur qu'elle en mouruſt, ou qu'elle en deuiendroit folle,
& beaucoup d'autres mauuaiſes raiſons, qui la ſatisfaiſoient
fort peu ; la ſupplioit de luy mander ce qu'elle deuoit faire,
elle luy paroiſſoit tres-méchante, & qu'apres tout ce tour là,
il n'y auoit plus rien à adiouſter ; qu'elle luy auoit demandé,
puis que Madame la Mareſchale ſa mere eſtoit venuë de
cent lieuës loin, elle ne l'auoit point aduertie de cét accouchement , ny les Medecins & Chirurgiens qui eſtoient
prés d'elle ; à quoy elle auoit répondu qu'elle ne le creut
pas neceſſaire ; elle la prioit de iuger s'il n'y auoit pas plus en
cette affaire, & ſi ce ſommeil eſt naturel ou non : L'intimée
ne repreſente pas la réponſe que la Dame ſa mere luy fit à
cette Lettre, parce qu'on y verroit les raiſons auec leſquel-
les la Dame ſa mere s'eſt efforcée à la détromper de cette
erreur, en laquelle elle eſtoit tombée : Mais cependant
l'intimée fit recommencer les mauuais traittemens qu'elle
auoit fait faire à la Goliard , elle luy fit mettre & ſerrer les
poulces auec le chien d'vn fuſil, par deux femmes, appel-

lées la Dame de Montaret, & la Dame du Fée, de Bourbonnois; elle luy fit tourner les bras à l'enuers par vne forme
d'estrapade, elle la fit descendre dans vn puits, la menaçant
de l'y faire noyer; elle s'est portée iusqu'à cette extremité
de la battre elle-mesme de ses propres mains, & le tout
pour luy faire dire ce qu'elle vouloit, qui estoit qu'elle estoit
accouchée d'vn fils, lequel auoit esté dérobé par elle, & par
Beaulieu, enfin elle fut contrainte de promettre vne seconde fois, qu'elle diroit en Iustice tout ce qu'elle desiroit
d'elle.

L'intimée ne voulut pas la faire interroger la seconde fois
dans le Chasteau de S. Geran, elle crut que cela seroit
trop suspect, elle la fit conduire au Chasteau de Chantelle,
qui est vn Chasteau dans la Prouince de Bourbonnois, duquel le Sieur de S. Geran estoit Gouuerneur particulier, &
dans lequel l'intimée auoit le mesme pouuoir qu'en celuy
de S. Geran; elle fut aussi aduertie que le Lieutenant du
Preuost des Mareschaux estoit incompetent de la matiere,
elle auoit vne grande authorité dans le Siege de la Séné-
chauffée de Moulins, à cause des logemens des Gens de
guerre que le Sieur de S. Geran enuoyoit où il vouloit; elle
s'addressa au Sieur du Buisson, Lieutenant Particulier du
Siege, lequel n'est point Assesseur, & qui estoit incompetent, mais elle luy auoit fait épouser la fille d'vn riche Marchand de Chantelle, il auoit vne maison en laquelle il alloit
fort souuent; la Goliard estant arriuée à Chantelle, l'intimée la fit écroüer sur le registre de la prison, neantmoins
elle n'y demeura point, mais l'intimée la fit mettre dans vn
logis de ce lieu appartenant à la Dame du Rier, laquelle
auec les Dames de Montaret, & du Fée, luy representoient
continuellement que si elle ne disoit precisément que l'intimée estoit accouchée d'vn fils qui auoit esté dérobé par
Beaulieu, on la feroit mourir, elles l'ont batuë; l'intimée y
alla en personne, luy parla en face, luy fit de grandes promesses, & de grandes menaces pour elle & pour les siens, elle
la tint vn an dans cét estat, apres lequel elle fit venir à
Chantelle du Buisson, Lieutenant particulier, qui l'inter-
rogea, nonobstant tous lesquels traitemens elle dit par son
interrogatoire que l'intimée n'estoit iamais accouchée: Apres
quoy l'intimée fit faire vne information contre elle, elle fit

*Voir l'Inter-
rogatoire de
la Goliard.*

*Voit les pie-
ces de la cot-*

té F. du se-
cond Inuen-
taire d s a-
peliantes.

oüyr pour témoins des gens qui ont esté autre fois Lacquais dans la maison, elle les fait qualifier Marchands de la Pali-ce , elle leur a promis & donné actuellement retraite & establissement dans les Terres du Sieur de S. Geran , & la décharge des Tailles & du sel qui se donne par impost, l'exemption des gens de guerre, logement dans les Chasteaux, des biens considerables ; cela ne luy estoit pas difficile, le Sieur de S. Geran ioüyssoit de plus de cinquante mil liures de rente dans le Bourbonnois ; on promettoit aux témoins vne impunité entiere, parce qu'on leur disoit qu'il ne pourroit iamais y auoir de témoins contr'eux , on menaçoit les autres de mauuais traitemens. On fit publier vn Monitoire, sur lequel on en fit aller quelques-vns à reuelation , pour faire croire que c'estoit par la force de la conscience ; enfin on leur fit deposer que la Goliard estoit vne sorciere, qu'elle faisoit accoucher des femmes sans douleur, & qu'elle faisoit transporter la douleur de l'accouchement sur d'autres personnes, qu'ils ont oüy dire à des gens qui estoient decedez , que l'enfant duquel elle estoit accouchée, auo t esté porté par Beaulieu en l'Abbaye de Lauoyne, en Auuergne, qu'on le mit vn temps sur vne charette , parce qu'il faisoit chaud , & qu'vne femme de Cabaret luy donna à tetter par le chemin ; pendant ce temps , Guillemain fils de la Goliard, touché de compassion du tourment que l'on faisoit souffrir à sa mere, donna Requeste à la Cour le tresiéme Iuillet mil six cens quarante-neuf, sous le nom de sa mere, pour estre receuë appellante de la procedure , que les informations fussent apportées, & cependant que deffenses fussent faites de passer outre. Il en obtint vn Arrest sur Requeste, qui fut signifié à l'intimée, nonobstant lequel elle ne laissa pas de faire passer outre à l'instruction du procés, pendant laquelle elle fit commettre de plus grandes cruautez en la personne de la Goliard.

Cet Arrest
est prod it
dans la ʼettr
I. au prem r
I u.ri.a re
ne appellan-
tes, C. p. ce.
H . Cette
Lettre est
prod it e
au I. Inue-
ta.re d s ap-
pe lantes,
cette l. bis,
premiere piè-
ce.

La Dame Mareschale de S. Geran , mere de l'intimée, qui estoit encore viuante, luy écriuit plusieurs Lettres pour l'oster de cette erreur , & l'asseurer qu'elle n'auoit esté ny grosse, ny accouchée, ayant eû des personnes continuellement prés d'elle, autres que la Sage-femme, ny Beaulieu, qui n'auroient pas souffert qu'on luy eust enleué son fruit, non plus qu'elle-mesme, qui estoit dans le Chasteau de S. Ge-

ran

ran exprés pour ce suiet ; & voyant que ses Lettres ne ga-
gnoient rien sur l'esprit de l'intimée, elle en écriuit d'autres
aux personnes qui approchoient l'intimée particulierement,
pour luy representer le tort qu'elle faisoit à cette pauure
creature, qu'elle faisoit ainsi tourmenter : l'intimée qui a
tousiours esté fort attachée à ses fantaisies, & qui a crû qu'a-
pres auoir entrepris cette affaire, il y alloit de son honneur
de la faire reüssir, se plaignit de ce que la Dame sa mere ne
prenoit pas son party ; Surquoy la Dame Mareschale, le treziéme Septembre mil six cens quarante-neuf, écriuit vne
Lettre à Madame de Ventadour, son autre fille, par laquelle
elle luy a mandé que l'intimée sa sœur n'auoit pas suiet de
s'estonner de ce qu'elles disoient la verité, qu'elle pouuoit bien croire que iamais mere n'auoit plus souhaitté d'enfant à sa fille, qu'elle luy en auoit desiré, que le nom de la
Guiche luy estoit trop cher pour y auoir manqué ; mais comme le souuenir de Monsieur le Mareschal de S. Geran luy
estoit plus cher que toutes choses du monde, il luy estoit
aussi, pour ne souhaitter pas qu'vn enfant supposé possedast
ce qui n'est que pour les veritables, qu'elle auoit bien enuie
de sçauoir qu'elle ne s'affligeast plus. Le treziéme Octobre
mil six cens cinquante, la Dame Mareschale écriuit encore
vne autre Lettre à Madame de Ventadour, par laquelle
elle luy mandoit qu'elle écriuoit à la Dame du Fée, pour
sçauoir si sa sœur n'estoit point tout à fait desabusée d'auoir
esté grosse, qu'elle se promettoit qu'elle n'auoit plus cette
fantaisie, & elle seroit bien aise d'en estre certaine : le douziéme Nouembre mil six cens cinquante, elle écriuit à Madame de Ventadour vne autre Lettre, par laquelle elle luy
mandoit que l'intimée luy auoit écrit vne grande Lettre,
touchant le déplaisir de la continuation de son imagination
qu'elle est accouchée, qu'elle luy mande qu'elle se desabu-
se, & qu'elle iuge que cela ne fut iamais, que sa réponse luy
donneroit bien de la ioye si elle la faisoit ressouuenir de tout
ce qu'elle luy a mandé, qu'elle prie Dieu qu'elle luy en donne la connoissance entiere, & qu'elle ne puisse plus croire
auoir esté grosse, que cette pensée luy a donné bien
de la peine. Il y a vne autre Lettre que Madame la Mareschale écrit de Basse-Normandie à l'intimée, par laquelle
elle luy mande que quantité de ses amis se fâchoient de ce

Cette Lettre est produite au inuentaire, cotte I. piece 2.

Cette Lettre est produite au premier Inuentaire, cotte I. b. s, 3. piece.

Cette Lettre est aussi produite sous la mesme cotte I. bis, 4. pie-ce.

D

qu’elle ſe mettoit dans vne affaire qui eſt hors de toute
apparence , & que s’il y en auoit, elle l’y aſſiſteroit auec
paſſion.

Nonobſtant tous ces aduertiſſemens, l’intimée ſe croyant
trop engagée, fit faire le recollement des témoins & la confrontation , apres leſquels elle ſe fit donner les minuttes
entre les mains, qu’elle enuoya à Maiſtre Iacques Deffita
ancien Aduocat en cette Cour , auquel ayant fait faire lecture de tout le procés, il y remarqua des contradictions dans
les depoſitions des témoins , deſquels il fit donner aduis à
l’intimée , & luy conſeilla de faire tout ietter au feu. Les
appellantes pretendent qu’elle a eû le credit de les faire oſter
des minutes ; apres auoir entierement inſtruit le procés, elle
le fit voir à tous les Iuges de Moulins l’vn apres l’autre, à
chacun deſquels elle demanda ſon aduis , priant ceux qui
n’eſtoient pas pour elle de s’abſenter. Apres quoy elle fit
amener à Moulins la Goliard dans la Littiere de la Dame
de Montaret , par le nommé Villelune qui s’eſtoit refugié
chez le Sieur de S. Geran , pour le rapt par luy commis en
la perſonne de la fille du Sieur de Foignat Threſorier de
France à Moulins, par Queſſon, qui eſtoit Sommelier & Re-
ceueur du Sieur de S. Geran, & par le Maiſtre de la Poſte
de Beſſay : elle fut conduite, non point dans les priſons de
Moulins , mais dans vn autre maiſon qui appartenoit auſſi
à la Dame du Ris, en la ville de Moulins ; là elle fut tenuë
quelque temps, pendant lequel on la fit interroger par quelques-vns des Iuges ſur les faits du procés, ſur leſquels on la
faiſoit répondre en preſence de la du Ris, qui la corrigeoit
quand elle ne répondoit pas à ſon gré ; l’intimée eſtant quelquefois auec la femme du Fée, derriere vn rideau d’alcune,
qui eſtoit dans la chambre de la Dame du Ris, où elle l’entendoit , & laquelle luy faiſoit promettre qu’elle ſortiroit
bien-toſt de cette maiſon & de la priſon, ſi elle perſiſtoit aux
réponſes qu’on luy faiſoit faire. Le ſeiziéme Iuin mil ſix cens
cinquante , qui eſtoit le iour auquel on deuoit commencer
de rapporter le procés, elle fut conduite en la priſon dans
vne chaiſe ; eſtant ſur la ſellette deuant les Iuges, nonobſtant tous les mauuais traittemens que l’intimée luy auoit
fait, elle dit qu’elle eſtoit âgée de ſeptante-ſix ans, qu’elle
auoit eſté cinq mois chez l’intimée au Chaſteau de S. Ge-

ran en l'an mil six cens quarante-vn, qu'elle ne sçauoit si elle
auoit esté grosse d'vn enfant ou d'vne mole, qu'elle n'a iamais esté asseurée de sa grossesse, que ce qu'elle a dit au contraire, a esté forcé par la Dame de Montaret qui luy a
pressé les doigts, que ce qu'elle a dit, a esté pour sortir de prison, comme on luy auoit promis ; qu'elle n'auoit point donné
d'enfant à Beaulieu ; elle n'a voulu dire qui l'auoit contrainte ny suggeré ses réponses ; nonobstant lequel interro- *Cette Sen-*
gatoire, le dix-huit Iuin audit an, elle fut declarée deuë- *tence est pro-*
ment atteinte & conuaincuë d'auoir celé l'accouchement *duite sous la*
de l'intimée, & d'auoir supprimé son part ; ces termes sont *cotte . du-*
it premier
tres-considerables, comme il sera obserué plus bas, & pour *Inu ntaire.*
raison de ce, elle a esté condamnée d'estre penduë & estran-
glée. Elle interietta appel de cette Sentence, en consequence dequoy la regle estoit de la faire conduire en la Conciergerie du Palais auec son procés : mais l'intimée ne l'a point
fait ; au contraire l'intimée fit retirer de la prison cette femme par ses domestiques, & la fit mener à Chantelle, au logis de la du Ris, où elle fit exercer de nouuelles cruautez,
parce qu'elle auoit dénié sur la sellette sa grossesse & son accouchement, & qu'elle apprehendoit que si elle estoit trans-
ferée en la Conciergerie du Palais, estant mise sur la sellette, *Cét Arrest*
elle en fist autant : Neantmoins le septiéme Iuillet mil six *est prod it*
cens cinquante, on obtint pour elle vn Arrest de cette Cour, *eu a cotte*
C. du lit In-
par lequel il fut ordonné que le procés, sur lequel la Sen- *uenta re.*
tence de mort estoit interuenuë, seroit apporté au Greffe
Criminel de cette Cour, qu'elle seroit amenée sous bonne
& seure garde par le Messager, aux frais de l'intimée, à ce
faire les Greffiers & Geolliers contraints par corps ; Enioint
au Substitut d'y tenir la main, à peine d'en répondre en son
nom ; l'Arrest fut signifié à l'intimée, & aux autres qui y
estoient dénommez ; il demeura sans execution par l'impuis-
sance de cette femme & le credit de l'intimée : Neantmoins *Cét Arrest*
l'intimée, pour auoir quelque pretexte contre l'execution *est r duit*
de cét Arrest, en obtint vn autre assez extraordinaire, sur *ous la cotte*
2.
Requeste, le dix-septiéme Decembre de la mesme année ;
par lequel elle fit ordonner que sans retardation du iugement du procés, dans deux mois, elle feroit entendre tous
les témoins qui en pourroient deposer, pardeuant le Lieutenant Criminel de Moulins, qui seroient confrontez, &

permis à elle d'obtenir Monitoire ; enioint, ledit temps
passé, de faire amener la Goliard : Enioint au Subſtitut de
Monſieur le Procureur General à Moulins d'y tenir la main,
& en certifier la Cour, à peine d'en répondre en ſon nom;
au lieu de deux mois de delay portez par cét Arreſt, l'intimée a gardé ſix ans cette mal-heureuſe creature dans cette
priſon priuée de la maiſon de la Dame du Ris, à Chantelle,
depuis le dix-huitiéme Iuin mil ſix cens cinquante, iuſques
au dix-huitiéme Nouembre mil ſix cens cinquante-ſix, qui
eſt vne choſe épouuentable & ſans exemple ; pendant ce
temps elle a fait ſon poſſible pour ſuborner les Quinets ſœurs,
par l'entremiſe d'vn nommé du Pré, par lequel elle leur fit
offrir iuſqu'à cinquante mil liures , & meſme de les con-
ſigner iuſqu'apres le iugement du procés; elles les refuſerent
auec reproche : comme elle vid cela, elle fit informer contre elles , & elle fit oüyr pour témoin contre elles celuy
qu'elle auoit employé pour les ſuborner Apres que l'intimée a creu auoir d'autres preuues d'autres faits, deſquels il

Les appel-
lantes pro-
duisent l'é-
crou de la
Goliard en
la Concierge-
r e, cotte P.
dudit Inuen-
taire.

ſera parlé cy-apres : au mois de Nouembre mil ſix cens cinquante-ſix, elle a fait amener la Goliard en la Conciergerie du Palais, où elle trouua la femme d'vn nommé Sequeville , duquel il ſera parlé cy-apres; l'intimée la fit mettre
auec la Goliard dans vne meſme chambre , & elle luy fit
faire les meſmes promeſſes, & les meſmes menaces qu'elle
luy auoit fait faire à Chantelle, & à Moulins ; elle luy fit
ſigner vne Lettre à l'intimée , par laquelle elle s'engageoit à
tout ce qu'elle deſiroit qu'elle reconnuſt ; & apres cela,
croyant qu'elle ne s'en pût dédire ; neantmoins ne voulant
pas s'y fier , elle voulut en faire vne tentatiue; il eſt certain
qu'elle la deuoit faire iuger, eſtant appellante de mort, mais
elle fit vne choſe plus extraordinaire & inoüye en cette
Cour ; parce qu'encore qu'il ſoit de l'ordre, que les appellans

Cét arrest
est produt
sous le cott
S. dudit in-
uentaire.

de mort ne peuuent plus eſtre interrogez qu'en la Chambre
ſur la ſellette : neantmoins elle eut le credit d'obtenir vn
Arreſt par ſurpriſe, apres qu'vne premiere Requeſte auoit
eſté refuſée, par laquelle elle auoit demandé la meſme
choſe, de faire ordonner qu'elle ſeroit interrogée : En conſequence dequóy le vingt-ſeptiéme Mars mil ſix cens cinquante-ſept, afin de l'engager par cét interrogatoire , &
qu'elle ne pût s'en dédire quand elle ſeroit oüye ſur la ſel-

lette, l'intimée luy ayant fait faire auparauant des promesses
& des menaces comme elle auoit fait à Moulins ; & ce par
l'entremife de la Sequeville : elle la fit interroger pardeuant
Monfieur Ménardeau ; & nonobftant tous ces artifices
qu'on auoit employé fur fon efprit, elle n'a pas laiffé de
prefter vn interrogatoire, que les appellantes ont eû aduis
eftre plein de contradictions & de chofes impoffibles, qui
montrent affez que ce font des réponfes qui luy ont efté fif-
flées & fuggerées. Voilà le premier procés criminel que
l'intimée a fait à la Goliard, duquel elle fe veut feruir contre les appellantes ; il faut en expliquer, que l'intimée a ioint
& enté fur le premier, vn nommé Sequeville de cette ville
de Paris, vn vagabond, débauché & ruïné ; ayant oüy
parler de ce procés criminel dans le grand bruit qui en
couroit, & ayant appris que l'intimée fe plaignoit d'vn en-
leuement qu'elle pretendoit luy auoir efté fait d'vn enfant,
enuiron le mois d'Aouft mil fix cens quarante & vn, & qu'on
difoit que c'eftoit par l'entremife d'vn nommé Beaulieu ; alla
donner vn aduis à l'intimée, qu'il fçauoit vn enfant qui
auoit efté baptifé en cette Ville en mil fix cens quarante-
deux, auquel la Damoifelle de Beaulieu, belle-fœur de ce
Beaulieu, auoit pris beaucoup de part, il promit de luy en
donner des enfeignes, moyennant vne récompenfe qui luy
fut donnée. Le cinquiéme Iuillet mil fix cens foixante-trois,
l'intimée obtint Arreft, qui luy permit d'en informer pardeuant le Iuge de Torcy, qui eft vn Iuge de village ; Voicy
qu'elles en font les veritables circonftances.

 Feu Iacques de Beaulieu, Maiftre d'Hoftel des Sieur &
Dame de S. Geran, eftoit originaire de Bourbonnois, fils
d'Adam de Beaulieu, qui eftoit Gentil-homme, & de Damoifelle Charlotte Defmonville, ils auoient eû entr'autres
deux enfans mafles, l'vn qui eftoit ce Iacques, l'autre nommé Henry ; Iacques s'eftoit mis au feruice des Sieur &
Dame de S. Geran ; Henry eftoit venu en cette ville de Paris, & il s'y eftoit fait Maiftre d'Efcrime & Tireur d'Armes.
Le vingt-fix Ianuier mil fix cens trente-fept il époufa Damoifelle Marie Pigoreau en l'Eglife de faint Mederic de
cette ville de Paris ; ils ont eû deux enfans mafles de leur
Mariage, Antoine l'aifné qui a efté baptifé le dix Decembre de la mefme année, & tenu fur les fonds par Monfieur

Voir l'inuentaire de la Damoiselle de Beaulieu, sous la cotte A, B, C, D, & iusqu'à L. &c.

de Morengis, Conseiller d'Estat ; l'autre a esté nommé Henry, il est né postume ; Henry de Beaulieu son pere ayant esté tué au mois de Iuin mil six cens trente-neuf en cette Ville, il laissa sa veufve grosse, qui accoucha d'vn enfant masle le neufiéme Aoust mil six cens trente-neuf. Le lendemain dixiéme Aoust il fut baptisé, & tenu sur les fonds par Iacques de Beaulieu son oncle, qui s'estoit trouué en cette ville de Paris, & par Perrette Daufin, femme de Petit, Notaire au Chastelet, qui est encore viuante, il fut baptisé

L'Extraict Baptistaire est produit sous la cotte NN. de l'Inuentaire des appellantes.

à saint Germain, parce que la Damoiselle de Beaulieu sa mere estoit demeurante sur cette Parroisse, ruë du Roy de Sicile, où elle demeuroit auec vn nommé Bernard de Mante, Maistre à Danser, estant vne chose assez ordinaire que les Maistres d'Escrime se logent auec les Maistres à Danser, parce qu'on apprend ordinairement ces exercices ensemble. Les Maistres d'Escrime tiennent les Salles basses ; & les Maistres à Danser se logent au premier estage : Il sera facile de iustifier que Henry de Beaulieu, & sa sœur, logeoient ainsi dans vne mesme maison auec Bernard de Mante ; La Damoiselle de Beaulieu, apres le deceds de son mary, allaita de ses mammelles Henry postume son fils le reste de l'année mil six cens trente-neuf, toute l'année mil six cens quarante, & vne partie de l'année mil six cens quarante-vn, enuiron quatre ou cinq mois, ce qui fait vingt, ou vingt-vn mois, qui est vn temps que les garçons tettent pour l'ordinaire, depuis il a esté sevré. La Damoiselle de Beaulieu l'a nourry & esleué pendant les années mil six cens quarante-vn, mil six cens quarante-deux, & iusqu'au mois d'Octobre mil six cens quarante-trois. Elle quitta la ruë du Roy de Sicile, pour aller demeurer à la ruë des Lombards, chez vn nommé Portefin, Passementier, où elle mena ses deux enfans ; Depuis elle alla demeurer en la ruë Trousse-uache au mois d'Octobre l'an mil six cens quarante-trois.

Sous la cotte VV, les appellantes produisent l'inuentaire faite apres le deceds dudit de Beaulieu, pour monstrer qu'il a laissé fort peu de bien.

La Damoiselle de Beaulieu ayant peu de biens, estant fort chargée de ses deux enfans, cherchoit à se décharger de l'vn d'eux ; Iacques de Beaulieu qui estoit en cette Ville, & qui estoit prest de s'en retourner auec l'intimée en Bourbonnois, pria la Damoiselle de Beaulieu de luy donner Henry son second fils, & son filleul, pour le mener à Moulins à Damoiselle Charlotte Desmonville veufve dudit

Adam de Beaulieu, & ayeule paternelle de ce Henry, qui estoit demeurante à Moulins ; la Damoiselle de Beaulieu eut peine de le faire, ce Henry auoit lors quatre ans, quatre mois ; Iacques de Beaulieu pria l'intimée d'accorder vne place à cét enfant, qui estoit son neveu & son filleul, dans son carrosse. La Damoiselle de Beaulieu luy acheta du linge, luy fit faire des habits, & luy donna ce dont il auoit besoin pour faire le voyage ; il partit dans le carosse de l'inti-mée. Par le chemin l'intimée prit plaisir à cét enfant, & sça-chant qu'il auoit de la necessité, elle le retint au Chasteau de S. Geran, où elle le fit éleuer parmy ses domestiques ; & en l'année mil six cens quarante-six, estant âgé de sept ans, elle luy donna l'habit de Page, & l'a fait esleuer comme son Page, & elle y a mis son affection ; Il y a vne Lettre fort re-marquable, dans le temps que l'intimée a commencé le pre-mier procés criminel à la Goliard, écrite à la Damoiselle de Beaulieu par le nommé Boyle, Aumônier des Sieur & Dame de S. Geran, le vingt-huit Aoust mil six cens qua-rante-neuf, par laquelle il luy mande qu'il auoit soin des estudes d'Henry son fils, qu'il iroit bien en cinquiéme, qu'il luy apprendroit l'Arithmetique, & la Geometrie, & qu'il faisoit desia quelques additions ioliment : & apres il y a ces termes ; *Henry est toûjours bien aymé de Monsieur, & ie ne croy pas que Madame le puisse aymer dauantage, quand il seroit son propre fils ; car elle a tout le soin possible de luy faire apprendre à tirer des Armes, & à danser tous les iours.* La Cour iugera de quelle consequence peut estre cette Lettre, pour l'engagement de l'intimée dans ce procés, sans que les appellantes veüillent s'enquerir des motifs que l'inti-mée a pû auoir de l'entreprendre, parce qu'elles n'ont pas besoin de s'en informer, c'est à l'intimée de le sçauoir ; toute cette conduite de la naissance & de l'education de Henry de Baulieu estant si naïve & si naturelle ; voicy ce qu'on pre-tend s'estre rencontré, qui est vne autre auanture : Il s'est trouué que le septiéme Mars mil six cens quarante-deux, vn enfant masle a esté baptisé en cette ville de Paris, en la Parroisse de S. Iean en Gréve, il a esté tenu sur les fonds par le garçon Fossoyeur, & Ieanne Cheualier ; il a esté nommé Bernard, du nom de son pere, par son ordre ; la mere n'a point esté nommée, ny le surnom du pere : mais pendant ce

Voir l'Inuen-taire de ladi-te Beaulieu, cotté A, iusqu'à &c.

Baptefme, la Damoifelle de Beaulieu y a efté veuë proche
les Fonts ; la Cheualier, qui eftoit la Maraine, a mené cét
enfant en nourrice à Torcy, la Beaulieu l'y eft allé vifiter,
auec vn grand homme veftu de brun, qui auoit vn manteau
d'écarlatte, y a fait vn voyage auec fes deux enfans, & auec
la mere de Sequeville, duquel il a efté parlé cy-deffus ; la
Beaulieu a recommandé cét enfant à la nourrice, luy a promis qu'il feroit fa fortune, elle en a payé les mois, elle l'a retiré de nourrice ; iufques là il n'y a rien qui puiffe eftre veritable : mais ce que l'intimée a pretendu, eft, qu'auparauant que la Beaulieu retiraft ce mefme Bernard de nourrice
de Torcy, Henry de Beaulieu, fon fecond fils, deceda, &
qu'eftant decedé, elle en a caché la mort, & qu'au lieu de
Henry decedé, elle a pris ce Bernard auec elle : Et quant au
mois d'Octobre mil fix cens quarante-trois, lors que Iacques
de Beaulieu pria la Beaulieu de luy donner Henry fon puif-
né, pour le mener en Bourbonnois dans le carroffe de l'intimée, au lieu de Henry de Beaulieu fon fecond fils, qui
eftoit mort, elle luy donna & fubrogea ce Bernard, nourry
à Torcy en fon lieu : Ainfi donc l'intimée pretend auoir
fait preuue du Baptefme de ce Bernard à S. Iean en Gréve
le feptiéme Mars mil fix cens quarante-deux, de ce que la
Beaulieu y eftoit prefente, de ce que cét enfant a efté nourry
à Torcy, de ce que la Beaulieu l'y a vifité à Torcy, auec vn
grand homme, veftu d'vn manteau d'écarlatte, qu'elle l'a
recommandé à la Nourrice, qu'elle en a payé les mois, &
que lors qu'elle l'a retiré de nourrice, elle pleuroit la mort
de fon fecond fils. On a fait dire à d'autres témoins qu'on
luy a oüy dire & veu pleurer vn fils : Il eft furuenu dans le
cours de cette procedure vn incident de Madame de Morengis, fous lequel l'intimée a fait vne apoftrophe de mira-
cle, qui eft, que l'intimée eftant allée vifiter Madame de
Morengis, & dans leur entretien eftans tombez fur le
difcours de la Beaulieu, l'enfant aifné de laquelle auoit efté
tenu fur les Fonts par Monfieur de Morengis, la Beaulieu
l'eftant venu vifiter, luy auoit dit qu'elle n'auoit plus qu'vn
enfant ; à ce mot l'intimée fe met à genoux deuant Madame de Morengis, luy fait repeter ce difcours, qui a efté
depofé par Madame de Morengis, Dame de qualité : Sur
ce difcours il y a eû Decret d'adiournement perfonnel contre

tre la Beaulieu, laquelle s'y est opposée, a interietté appel
de l'information faite à Torcy ; nonobstant quoy le recole-
ment & la confrontation ayant esté ordonnée, elle a esté
contrainte de la subir ; à la confrontation, elle pria Madame de Morengis de declarer le temps dans lequel elle pretendoit qu'elle luy eust dit cette parole ; Madame de Morengis ayant répondu qu'elle ne s'en souuenoit pas, la Beaulieu luy repartit qu'elle ne pouuoit pas luy auoir tenu ce
discours, puis qu'elle ne l'auoit visité qu'vne fois , & cependant qu'elle estoit encore grosse de ce mesme Henry,
& partant qu'elle ne pouuoit pas luy auoir dit qu'il fust
mort , n'estant pas encore né ; la réponse de Madame de
Morengis a esté qu'elle estoit persuadée qu'elle l'auoit veu
auant & apres sa grossesse ; Il y a quelques autres faits dans
les dépositions des témoins qui ne concernent la Beaulieu,
& desquels il sera parlé dans les moyens. La Beaulieu ne
s'estoit pas contentée de s'opposer à l'execution des Arrests
qui auoient permis d'informer & qui auoient decret ad-
journement personnel contre elle , mesme qui auoient ordonné le recollement & la confrontation, non seulement
elle estoit appellante de l'information faite à Torcy, mais
elle estoit encore demanderesse en Requeste ciuile contre
tous ces actes : elle auoit encore interietté appel du recollement & de la confrontation qui auoient esté faits par
Monsieur Granger, & de la procedure faite par Monsieur
Ménardeau, & l'intimée estoit obligée de faire iuger ces
appellations, oppositions, & Requeste ciuile. Le bruit de
cette cause s'estant répandu en cette ville de Paris, en laquelle les appellantes estoient demeurantes, & les appellantes sçachans bien que toutes ces procedures criminelles
n'auoient esté faites par l'intimée, que pour se supposer vn
enfant & à sa Maison, elles crûrent estre obligées de l'em-
pescher ; c'est pourquoy Madame de Ventadour appella,
comme d'abus , d'vn Monitoire obtenu par l'intimée de
l'Official de l'Euesché de Clermont ; elle, & la Dame du
Lude interietterent appel de toute la procedure faite au
Siege de Moulins, & de la Sentence de mort renduë contre la Sage-femme, & s'opposerent à l'execution des Arrests obtenus contre la Beaulieu , & elles baillerent leur
Requeste, afin d'estre receuës interuenantes au procés

E

criminel contre la Goliard ; furquoy la caufe ayant efté
portée à l'Audience de la Tournelle , & partie des Aduo-
cats ayant playdé , la Goliard, qui eſtoit âgée de quatre-
vingt trois, ou quatre-vingt quatre ans, tomba malade à
l'extremité ; l'Aduocat de la Beaulieu, & celuy des appellantes, demanderent qu'il pleuſt à la Cour ordonner qu'elle
feroit oüye pardeuant deux de Meſſieurs; mais cela n'eſtant
pas des formes, auparauant que la Cour euſt prononcé en
la cauſe, ce requiſitoire demeura inutile ; cependant la Goliard ſe trouua dans la derniere extremité, on luy admini-
ſtra les Sacremens, & en preſence d'vn grand nombre de
perſonnes qui y aſſiſterent , elle declara hautement que
iamais l'intimée n'eſtoit accouchée, & que tout ce qu'elle
auoit pû dire au contraire eſtoit forcé, c'eſt pourquoy les
appellantes baillerent leur Requeſte à la Cour le dix-huitiéme Iuillet, par laquelle elles demanderent que l'Eccle-
fiaſtique qui auoit adminiſtré les Sacremens à la Goliard,
& receu les declarations qu'elle auoit fait pour la décharge de ſa conſcience, fut oüy deuant deux de Meſſieurs; le
nommé Claude Guillemain , fils de la Goliard, auoit interietté appel de toute la procedure contre la Goliard, &
a fait vne Requeſte iudiciaire, à ce qu'il fuſt receu à purger la memoire de ſa mere, & que le procés fuſt ciuiliſé;
la cauſe eſtoit en cét eſtat lors qu'elle fut plaidée au mois
de Iuillet , & au mois d'Aouſt mil ſix cens cinquante-
ſept, lors de laquelle plaidoirie, la maniere dont l'intimée
ſe deffendit, eſt tres-remarquable pour la deciſion , parce
que ſon Aduocat fouſtint qu'elle ne pretendoit point iuſtifier en ce procés criminel, que Bernard, nourry au village
de Torcy , fût ſon fils ; mais qu'elle ne pretendoit autre
choſe , ſinon à ſon égard, de faire confirmer la Sentence
du dix-huit Iuin mil ſix cens cinquante, par laquelle la Goliard auoit eſté condamnée à mort , pour auoir celé l'accouchement de l'intimée, & ſupprimé ſon part, ſans que
la Sentence euſt declaré quel eſtoit ce part. Et quant au
procés fait à la Beaulieu , qu'elle ne pretendoit faire voir
autre choſe par iceluy , ſinon que Henry de Beaulieu, ſecond fils de la Damoiſelle de Beaulieu , eſtant decedé,
la Damoiſelle de Beaulieu eſtoit coupable de ſuppoſition,
de luy auoir donné & ſuppoſé vn autre enfant au lieu de

*Il y en a deux
Requeſtes
preſentées par
les appellan-
tes , premier
Inuentaire,
cotte A, A.*

*Du 18. Aouſt
1657. eſt le
Arreſt pro-
duit ſous la
cotte Z, du-
dit Inuentai-
re des ap-
pellantes.*

fon fils, elle fouftint que ces deux crimes eftoient capi-
taux, pour lefquels il y auoit eû lieu de faire faire le procés à l'vne, & à l'autre de ces femmes, fans qu'il fuft neceffaire de iuger fi ce garçon, nommé Bernard, eftoit fils de
l'intimée ou non; d'où elle tira cette confequence, que
les appellantes n'eftoient point receuables en leurs appellations, ny en leurs oppôfitions, ny en leur interuention:
En leurs appellations, & en leurs oppofitions, parce qu'elles n'eftoient point parties aux procés criminels faits à la
Goliard, & à la Beaulieu, & qu'elles n'eftoient pas receuables en leur interuention, d'autant qu'elle ne pretendoit pas lors fouftenir que ledit Bernard fuft fon fils ; furquoy Monfieur l'Aduocat General Bignon fit premierement le recit de toutes les informations, tant de celles
faites contre la Goliard, que contre la Beaulieu, duquel
recit fort fidele & affez exaɛ̃ qu'il fit, ont efté tirez tous
les memoires & toutes les lumieres qui ont efté repre-
fentées cy-deffus, tirées defdites charges & informations,
& defdits procés criminels : car ledit Sieur Aduocat General reprefenta tout ce qui pouuoit eftre des preuues que
l'intimée pretendoit auoir au procés fait à la Goliard de
fon accouchement, & il monftra particulierement que la
principale charge qui eftoit contre ladite Goliard, refultoit
de fes interrogatoires, dans aucuns defquels elle s'eftoit
reconnuë coupable, & partant qu'il y auoit eû lieu de luy
faire & parfaire fon procés ; auffi qu'ayant interietté appel
d'vne Sentence de condamnation de mort renduë contre
elle, fur vn procés fait & parfait, on ne pouuoit pas en
iuger l'appel en l'Audience. Quant à la Beaulieu, il dit
qu'il y auoit charge contre elle fuffifante pour eftre appro-
fondie ; qu'elle auoit dit que fon fecond fils eftoit decedé,
& partant qu'il auroit fallu qu'elle euft fuppofé vn autre
enfant pour le fien ; c'eft pourquoy la Cour ayant decreté
contre elle, & ayant ordonné le recollement & la confrontation, il n'y auoit pas lieu de la renuoyer abfoute en l'Audience ; pour l'interuention des appellantes, il appuya la
declaration de l'intimée, qu'il ne s'agiffoit pas de fçauoir fi
Bernard eftoit le fils de l'intimée, & partant qu'elles n'é-
toient pas receuables en leur interuention, n'eftant pas
l'ordinaire d'admettre des interuentions en des procés cri-

E ij

minels ; c’eft pourquoy il adhera à l’intimée & demanda
en l’Audience, que deffenfes fuffent faites à la Beaulieu de
defemparer de la ville & faux-bourgs de Paris ; c’eft le fom-
maire veritable de toute la plaidoirie de cette caufe cele-
bre , en laquelle on peut dire veritablement , qu’il n’y
auoit qu’vne chofe qui pût eftre iugée en l’Audience , fçauoir fi les appellantes deuoient eftre receuës interuenantes ou non, parce qu’à l’égard des deux autres procés con-
cernant la Goliard , & la Beaulieu , c’eftoient des procés
criminels tous inftruits, l’vn defquels auoit efté iugé par
vne Sentence de condamnation de mort , & l’autre auoit
efté inftruit directement en cette Cour , & qui eftoit en
eftat de iuger par recollement & confrontation , lefquels
ne ponuoient pas eftre iugez en l’Audience : mais il n’y
auoit que l’interuention des appellantes qui pût eftre iugée en l’Audience, laquelle l’intimée empefcha de toutes
fes forces, pretendant que cette interuention eftoit preci-
pitée & prematurée , attendu qu’il ne s’agiffoit point lors
de iuger fi Bernard eftoit fils de l’intimée ; Surquoy il eft encore neceffaire d’obferuer, que l’intimée a affecté de faire
expedier l’Arreft qui eft interuenu en la caufe fans aucun
plaidoyer des parties, afin qu’on ne pût pas voir furquoy il
eftoit interuenu, & quelles declarations elle auoit fait pour
l’obtenir ; Surquoy le dixiéme Aouft mil fix cens cinquan-
te-fept interuint l’Arreft contradictoire , par lequel la Damoifelle de Beaulieu a efté declarée non receuable en fes
oppofitions, appellations, & Requefte Ciuile, & condamnée aux dépens ; fur les autres oppofitions, appellations
comme d’abus & fimples, les parties ont efté mifes hors de
Cour & de procés ; & la Cour a joint la Requefte d’interuention des appellantes, & la Requefte iudiciaire de Guillemin, au procés ; & faifant droit fur les Conclufions de
Monfieur le Procureur General , deffenfes ont efté faites
à la Beaulieu de defemparer la ville & faux-bourgs de
Paris , iufqu’à ce que le procés fût iugé, à peine de conuiction.

Apres cét Arreft , il n’eftoit pas difficile à l’intimée de
faire iuger ces procés criminels fi elle auoit voulu , puis
qu’ils eftoient entierement en eftat de iuger ; & puis que
l’intimée auoit declaré qu’il ne s’agiffoit pas efdits procés

de sçauoir si ledit Bernard estoit son fils ou non, il n'y auoit
qu'à examiner les preuues qu'il pouuoit y auoir contre la
Goliard pour l'accouchement pretendu de l'intimée. A
l'égard de la Goliard & de sa memoire, & à l'égard de la
Beaulieu, quelle preuue il y auoit de la supposition d'vn enfant, au lieu de son second que l'intimée disoit estre decedé ; mais l'intimée n'en a encore rien fait, ayant encore laissé
passer vne année entiere sans le faire iuger ; mais au contraire elle a encore fait rendre vn Arrest interlocutoire, par
lequel elle a encore reculé le Iugement du procés, d'autant que le vingt-huit Aoust mil six cens cinquante-huit,
elle a fait ordonner qu'en voyant ledit procés criminel, &
sur vne Requeste qui auoit esté baillée par la Beaulieu, con-
tenant des faits iustificatifs par elle alleguez ; & à la preuue desquels elle auoit demandé d'estre receuë, & y ayant
attaché des pieces iustificatiues, il a esté ordonné que ladite
Requeste, & lesdites pieces attachées à icelle, seroient
communiquées à l'intimée pour y fournir de contredits, &
que les interrogatoires qui auoient esté prestez par la Goliard, ensemble les depositions des témoins decedez, oüys
esdites informations, seroient leuës & publiées à la Beaulieu, pour fournir de reproches, tant contre la memoire
de ladite Goliard, que desdits témoins decedez, & que
tous les témoins que l'intimée voudroit, seroient recollez
& confrontez à la Beaulieu ; laquelle seroit tenuë dans
vingt-quatre heures de se mettre en estat dans la Conciergerie du Palais, sinon qu'elle seroit prise au corps. Cette
derniere clause de l'Arrest estoit iustement vn moyen as-
seuré à l'intimée pour luy faire gagner son procés sans aucun hazard, d'autant qu'elle sçauoit bien que la Beaulieu
n'auroit garde de se rendre prisonniere, ayant suiet de re-
douter le credit & l'accusation calomnieuse de l'intimée;
ainsi l'intimée creut qu'elle n'auoit plus de partie, parce
que la Goliard estoit decedée, & que Guillemin son fils
auoit esté gagné par elle ; la Beaulieu estant en fuite, il
falloit la condamner pour le profit des defauts & contuma-
ces, l'interuention des appellantes estant iointe au procés,
il n'y auoit personne à vray dire qui contestast contre l'intimée, c'est ainsi que l'intimée esperoit par surprise & supposition, faire passer vn fils imaginaire pour vn enfant ve-

ritable , iufques-là qu'elle s'eft vantée qu'elle auoit eû des
Conclufions de Monfieur le Procureur General qui alloient
à la mort contre la Beaulieu , & aufquelles elle auoit fait
adioufter que l'enfant luy feroit rendu , qui eft vne pure
fuppofition , parce que cela n'a iamais efté requis par Monfieur le Procureur General.

Mais Dieu , ennemy des fourbes & des fuppofitions , n'a
pas permis que l'affaire demeuraft en cét eftat , il a permis
qu'elle ait changé de face , & que les appellantes ayent eû
le moyen de fe deffendre.

Le Sieur de S. Geran , au mois de Ianuier de l'an mil fix
cens quarante-neuf , tomba malade de la maladie dont il
eft decedé ; il auoit long-temps refifté au commencement
à cette fable de fa femme , de laquelle il s'eftoit mocqué ;
auoit efté contraint de laiffer agir l'intimée pour auoir la
paix auec elle. En l'année mil fix cens cinquante-cinq , elle
luy auoit fait faire vn Teftament par lequel elle s'eft fait
faire de grands aduantages fur fes biens : fi le Sieur de S.
Geran eût eû la creance que Bernard fût fon fils , fe voyant
malade à l'extremité , il deuoit reuoquer fon Teftament
pour difpofer au profit de fon fils ; neantmoins l'intimée
qui eftoit auprés du Sieur de S. Geran , ne voulut pas qu'il
reuoquaft les legs qu'il luy auoit faits , mais elle s'auifa d'vne
autre inuention ; elle enuoya querir vn nommé Tridon
Aduocat au Siege de Moulins , fon confeil , par lequel elle
fit dreffer vn Codicille , par lequel elle luy a fait confirmer
fon Teftament qu'il auoit fait au profit de l'intimée , &
qu'il vouloit qu'il fût executé ; elle auoit auffi fait venir
Iean Petillon , fon Procureur à Moulins , & apres que ce
Codicille eut efté concerté , elle enuoya querir vn nommé
Robert , Notaire de la ville de Moulins , homme mal famé ,
comme il fera monftré , auquel elle fit écrire le Codicille ,
& apres elle le mit entre les mains de Paillou fon Intendant ,
auquel elle le donna pour l'aller faire figner au Sieur de
S. Geran , lequel fur ce dire de Paillou , que c'eftoit vn
Acte confirmatif de fon Teftament , il le figna fans le lire ,
apres quoy le Notaire le figna auec Paillou , & Petillon témoins , & l'intimée ayant reconnu par cette épreuue que
le Sieur de S. Geran figneroit tout ce qu'elle luy feroit
prefenter , elle fit adioufter apres coup , que le Sieur de S.

Geran prioit Monsieur de la Barre Maistre des Requestes, qui estoit Intendant de la Prouince, & le Sieur Vialet Tresorier de France à Moulins, qu'elle auoit fait nommer, de poursuiure incessamment le procés pendant en Parlement pour raison de la personne de Messire Bernard de la Guiche, lequel il reconnoist pour son fils & legitime heritier, de laquelle declaration il est dit que lecture luy ayant esté faite, il a persisté. Il est facile de voir que cela resiste à la confirmation qu'on dit qu'il a faite de son Testament en faueur de l'intimée, parce que s'il auoit estimé que c'étoit son fils, il luy auroit laissé son bjen ; d'ailleurs il n'auroit pas attendu de faire cette declaration apres coup, il auroit commencé son Codicille par là, & enfin il ne l'auroit pas appellé Messire Bernard de la Guiche. Les peres ne parlent point ainsi de leurs enfans dans leurs Codicilles ; mais l'intimée, pour donner plus de couleur à ce Codicille, a rapporté vn autre Acte du neufiéme Aoust mil six cens cinquante-cinq, qui est le iour du Testament fait par le Sieur de S. Geran, par lequel elle pretend que luy & elle ont ordonné, que le suruiuant d'eux deux continueroit les poursuites commencées pour la recherche de leur enfant, mais cette piece porte auec soy sa preuue de fausseté, d'autant qu'elle dit que les sieur & Dame de S. Geran confirment les Testament & disposition de derniere volonté qu'ils ont fait ce mesme iour ; or le Testament fait ce mesme iour n'est point mutuel, mais du Sieur de S. Geran seul, c'est pourquoy il faut qu'il y ait de la fausseté dans cette piece.

Le Sieur de S. Geran deceda dans le Chasteau de Moulins le trente-vn Ianuier mil six cens cinquante-neuf, l'intimée en fit fermer les portes deux iours, pendant lesquéls elle enuoya des Lettres aux plus proches parens du Sieur de S. Geran, par lesquelles elle les prie de luy enuoyer des Procurations pour la tutelle, ou la curatelle de cét enfant supposé, c'est à sçauoir au Sieur de Salligny, cousin germain, au Sieur de Guiche, au Comte de Seuignon, cousin au troisiéme degré, au Sieur de Laubespir, au Sieur Comte de Busseuil, à Madame d'Angoulesme, à Madame de Schomberg, qui sont cousines germaines, aux Sieurs de Gonneuille, Sobbeuil, de S. Pierre, de Bellefond, cousins germains ; ils l'ont tous refusé, ayans bien sceu ce qui estoit de la verité : mais comme elle en estoit en peine, son conseil de Moulins luy dit qu'elle n'auoit point à se mettre en peine d'auoir cette Procuration, d'autant que la Coûtume de Bourbonnois deferoit de plein droit, aux meres, les tutelles de leurs enfans, sans qu'il fût besoin d'aucune assemblée de parens. En consequence dequoy le huictiéme Février mil six cens cinquante-neuf, elle se transporta en l'Hostel du Lieutenant General de Moulins, auquel elle fit sa declaration, qu'elle acceptoit la tutelle de Bernard, qu'elle qualifia son fils, & elle luy demanda vne commission pour faire assigner les parens, pour luy donner vn Curateur, à cause des actions qu'elle pourroit auoir à diriger contre luy ; en consequence dequoy elle a mandié des Procurations de diuerses personnes, qui ne sont point parens de la Maison de la Guiche, comme il est facile d'en faire la discussion. Le premier est de Champoignac, Sieur du Bousquet, qu'on qualifie Marefchal de Camp, pauure Gentilhomme, apres le Sieur de Canillac, le Sieur de Chauuigny de Blot, non parent, Monsieur d'Estein Euesque de Clermont, non parent, Christophe de Chabans parent au douziéme degré, Claude Chasteaumorant, non parent, ny allié, les Sieurs de Roullac, le Sieur de Graueron, le Sieur de Montmorin de Biron, le Sieur de Congis, Messieurs de la Trimoüille, & d'Vsez, Monsieur l'Euesque d'Autun, qui est de la Maison d'Attichy, les Sieurs de Gadaigne, & Dallegre, non parens, le Sieur de Saint Chaumont, parent au sixiéme degré, le Sieur de Villars, dont

la femme, qui estoit cousine germaine de l'intimée, a esté par elle mariée & dotée à vn nommé Trageau, non parent, auquel l'intimée donna cent francs pour auoir vn habit de Capucin, d'où il est forty depuis. En vertu de ses Procurations, & sans faire assigner aucun veritable parent, l'intimée a fait nommer pour Curateur à ce pretendu Bernard le nommé Marefchal, qui n'est point non plus parent: pendant ce temps l'intimée a diuerty tous les meubles precieux & considerables de la maison, apres quoy le cinquiéme Mars de la mefme année elle a renoncé à la communauté de son mary & d'elle, & pour couurir le pillage qu'elle a fait des biens de cette succession, le septiéme iour

du

du mesme mois de Mars elle a obtenu du Lieutenant General de Moulins, vne Sentence, par laquelle elle s'est fait donner main-leuée des meubles à son vsage ; en consequence dequoy , en interpretant cette Sentence, elle s'est appliquée à son vsage toute la vaisselle d'argent, les pierreries, & tous les meubles precieux du deffunct.

Pendant que ces choses se passoient en Bourbonnois, le cinquiéme Février mil six cens cinquante-neuf, la Dame de Ventadour a pris des Lettres, par benefice d'inuentaire, de deffunct son frere, le lendemain elles les a fait enteriner par Sentence du Chastelet ; le mesme iour la Dame Comtesse du Lude en a obtenu d'autres qu'elle a fait aussi enteriner ; il y a eû des appellations interiettées respectiuement, par les appellantes, de l'Acte de tutelle de l'intimée, & de cette Sentence de curatelle donnée à cét enfant suppofé, comme fils du feu Sieur de S. Geran, & de l'intimée ; & par l'intimée il y a eû appel interietté des Sentences d'enterinement de Lettres par benefice d'inuentaire dudit feu Sieur de S. Geran obtenuës par les appellantes , sur lesquelles appellations les parties ont esté appointées au Conseil, & ioint au procés criminel éuoqué & renuoyé pour estre les trois Chambres assemblées ; C'est l'estat de la cause qui se presente à iuger, en laquelle les appellantes pretendent faire voir trois choses.

La premiere est, que tout ce qui s'est fait, tout ce qui s'est dit, & tout ce qui est porté aux procés criminels faits à la Goliard, & à la Beaulieu, ne peut faire aucune foy, ny aucune preuue contre elles, pour dire que cét enfant, que l'intimée appelle Bernard de la Guiche , soit fils du Sieur de S. Geran & d'elle , & capable de recüeillir sa succession. La deuxiéme, que l'intimée n'a & ne peut auoir aucune preuue que ce Bernard soit son fils & du Sieur de S. Geran. La troisiéme, que la voye par laquelle l'intimée pretend establir sa maternité & la filiation de Bernard, n'est pas receuable dans la Iustice.

Les appellantes soustiennent, à l'égard du premier point, que tout le procés criminel que l'intimée a fait faire , ne leur peut nuire pour plusieurs raisons : La premiere, d'autant qu'en la cause d'appel, dont est question , il s'agit de sçauoir si l'enfant que l'intimée a fait appeller Bernard de la

Cét Acte de renonciation est produit cotte HH, premiere piece de l'Inuentaire des appellantes.

Cette Sentence de mainlevée est la troisiéme piece de iadite cotte HH.

Ces Lettres, & Sentence d'enterinement sont sous la cotte RR, & leur Inuentaire.

Guiche est fils heritier du feu Sieur de S. Geran, parce que
s'il est son fils, il faut que l'intimée en soit tutrice ; si au
contraire il ne l'est pas, il faut que les Sentences du Chastelet, qui ont enteriné les Lettres des appellantes, heritieres par benefice d'inuentaire du Sieur de S. Geran, subsi-
stent ; donc il s'agit de la preuue du fait de la filiation de ce
pretendu Bernard ; pour cela il est necessaire de toucher
vn mot de ce qui est des regles & des maximes touchant la
filiation des enfans, qui sont en sommaire, qu'on tient
ordinairement en termes de droit, qu'on ne peut pas rapporter de preuue Physique & demonstratiue de la filiation;
ce qui est fondé sur la Loy *Lucius Titius de condition. &*
demonstr. qui porte : *Aurelius Clodius , si filium meum se*
esse probauerit , non est institutus sub conditione quæ sit in
eius potestate, dont la raison est claire, d'autant que pour
auoir vne preuue Physique d'vne filiation, il faudroit deux
choses. La premiere, d'auoir veu le temps & le moment
de la generation, parce que c'est ce qui fait qu'vn enfant
soit enfant d'vn tel, & d'vne telle ; parce que s'il estoit
conceu & engendré d'vn autre que du mary, il ne seroit
pas l'enfant de celuy duquel on pretendroit qu'il seroit né.
La deuxiéme, est la naissance, de laquelle il peut arriuer
quelquefois qu'il n'y ait point de témoins : mais il y a des
preuues de filiation ciuiles & politiques, dont les premieres
sont par écrit, & qui sont les plus certaines ; sçauoir les
Regiftres baptiftaires, dans lesquels on met les noms & les
surnoms des enfans à mesure qu'ils naissent & qu'ils sont
baptisez, & de leurs peres & meres, lesquels sont gardez
par les Curez , qui sont personnes publiques à cét égard.
L'autre preuue ciuile & legitime est, quand vn enfant a
esté & est en possession de son estat, qu'il a esté & qu'il est
traité comme vn enfant naturel & legitime de ses pere &
mere ; ce qui est fondé en la Loy *si vicinis* au Cod. *de*
nuptiis , si vicinis vel aliis scientibus vxorem liberorum pro-
creandorum causâ domi habuisti , & ex matrimonio filia
suscepta est , quamuis neque nuptiales tabulæ neque ad na-
tam filiam pertinentes factæ sunt, non minus veritas ma-
trimonij, aut susceptæ filiæ suam habet potestatem ; C'est ce
que tous les Docteurs, fondez sur ces Loix, ont appellé
tractatus, quand vn enfant est reconnu , appellé , esleué,

rraité, entretenu dans la maison par ses pere & mere, &
tous ses parens, comme vn enfant naturel & legitime. Voilà
quelles sont les preuues, tant par écrit, que par témoins,
qu'on peut auoir d'vn fait de filiation, desquels il est constant que ce Bernard pretendu n'en a eû aucunes, & il n'en
auoit point quand le Sieur de S. Geran est decedé; car il
n'y a aucun Registre baptistaire, ny Acte public, dans lequel sa naissance ait esté mise; & il est constant que depuis
sa naissance il n'a point esté traité, ny reconnu comme fils
du Sieur de S. Geran & de l'intimée; ce qu'estant presup-
posé pour rendre ce Bernard enfant legitime du deffunct
Sieur de S. Geran, il faut qu'il y ait vne autre preuue legitime de sa filiation. Or il n'en a aucune que celle qui resulte de ce procés criminel, laquelle ne peut iamais auoir
de lieu contre les appellantes, d'autant que toutes les preuues des procés criminels sont restraintes necessairement aux
personnes ausquelles les procés sont faits : car en premier
lieu, tout procés criminel consiste en l'information, interrogatoire, recollement & confrontation, sur lesquels
vne personne peut estre condamnée ou absous : mais il n'y
a que l'accusé, auquel le recollement & la confrontation
est faite, qui puisse estre condamné ou absous sur ces pieces : ce qui est si vray, qu'encore que deux personnes soient
accusées coniointement d'vn meurtre, ou d'vn vol, la confrontation de l'vne ne peut pas seruir pour l'autre, mais il
faut qu'il y ait vne confrontation particuliere à chacun. En
deuxiéme lieu, toute la force de la preuue d'vn procés criminel, consiste en l'information, en l'interrogatoire, au recollement, & à la confrontation; mais les informations
que l'intimée a fait faire ne sont point contre les appellantes, elles n'ont point suby d'interrogatoire, il n'a esté
fait aucun recollement de témoins pour elles, il ne leur
a esté fait aucune confrontation; c'est pourquoy la preuue
qui est en ces procés criminels ne peut seruir contre les
appellantes. En troisiéme lieu, il ne peut iamais y auoir
lieu à aucune information, interrogatoire, recollement,
ny confrontation aux appellantes, parce que les appellantes ne sont point accusées d'auoir soustrait, ny fait sou-
straire aucun enfant à l'intimée, ny elles ne sont point heritieres de la Goliard, que l'intimée pretend luy auoir sou-

ſtrait cét enfant pretendu ; car il eſt à obſeruer que l'intimée , dans le procés criminel , auoit voulu faire tomber
quelque ſoupçon ſur la deffuncte Marquiſe de Boüillé ,
qu'elle euſt eſté complice de cette pretenduë ſouſtraction;
mais il eſt à remarquer que la Marquiſe de Boüillé eſtoit

*La preuue du
deceds de la
Dame de
Boüillé , eſt
produite par
les appellan-
tes, carte* PP,
*de leur pre-
mier Inuen-
taire.*

viuante en l'an mil ſix cens quarante-neuf, lors que l'intimée a commencé le procés , & elle n'eſt decedée qu'au
mois de Nouembre mil ſix cens cinquante-vn , pendant lequel temps l'intimée n'a iamais oſé l'accuſer de ce crime,
duquel elle auroit fait voir la ſuppoſition tres-certaine-
ment ; d'où il s'enſuit que l'intimée ne peut pas ſe ſeruir
des preuues qu'elle pretend y auoir dans ces procés criminels , pour les faire valoir contre les appellantes , à preſent
qu'il s'agit des biens du feu Sieur de S. Geran.

 La deuxiéme raiſon eſt , dautant que lors que les appellantes ont demandé d'eſtre receuës parties interuenantes
en ce procés pendant la vie du Sieur de S. Geran , l'intimée l'a empeſché de toute ſa force , de telle façon , que par
l'Arreſt contradictoire du dixiéme Aouſt mil ſix cens cinquante-ſept , elle a fait ioindre leur Requeſte d'interuention au procés. Donc il ne ſeroit pas iuſte , qu'à preſent que
le Sieur de S. Geran eſt decedé , elle ſe ſeruiſt de ces mê-
mes preuues qui ſont en ce procés contre elles , & ce d'autant plus qu'il a eſté obſerué cy-deſſus , que lors que ledit Arreſt du dixiéme Aouſt mil ſix cens cinquante-ſept a
eſté rendu , tout le diſcours de l'intimée fut de dire qu'elle
n'entendoit point ſouſtenir que ce Bernard pretendu fut
ſon fils , mais ſimplement qu'elle entendoit faire confirmer la Sentence de Moulins du dix-huictiéme Iuin mil ſix
cens cinquante , qui auoit condamné à mort la Goliard
pour auoir recelé ſon accouchement , & ſupprimé ſon part,
& qu'elle entendoit faire faire le procés à la Beaulieu pour
auoir ſuppoſé vn enfant au lieu du ſien ; & à preſent l'intimée veut pretendre que la preuue qui eſt au procés doit iuſtifier que ce Bernard pretendu eſt ſon fils ; ce procedé , &
cette pretention ſont pleins de dol & de mauuaiſe foy,
parce que ſi l'intimée vouloit ſe ſeruir des procés criminels
contre les appellantes , elle deuoit conſentir qu'elles y
fuſſent receuës interuenantes , afin que les preuues qui
ſeroient faites contre la Goliard . & la Beaulieu , puſſent

seruir contre les appellantes , ne seruant à l'intimée de
dire que le droit des appellantes n'estoit pas encore né , à
cause que le Sieur de S. Geran estoit viuant , d'autant
qu'en matiere de procés de filiation , les enfans qu'on pretend estre legitimes , ne sont pas seulement capables de
succeder à leurs pere & mere , mais encore à tous les parens de la famille ; & si ce Bernard estoit fils legitime du
Sieur de S. Geran , il auroit esté capable d'estre l'heritier
des appellantes , au cas qu'elles fussent decedées sans enfans ; c'est pourquoy leur interest y estoit assez fondé ; mais
l'intimée , pour exclurre cette interuention , par laquelle
elle sçauoit bien qu'elle ne pourroit paruenir à son dessein,
fit sa declaration qu'elle n'entendoit point dire que ce Bernard fût son fils. Il ne sert de rien aussi à l'intimée de
dire qu'elle a offert aux appellantes de les receuoir parties
interuenantes en ces procés criminels , d'autant qu'il n'est
plus temps , parce que les choses ne sont plus au mesme
estat qu'elles estoient au temps que les appellantes ont
formé leur interuention, parce que l'intimée pretend qu'elle
a fait de nouuelles procedures & de nouuelles instructions
depuis ledit Arrest du dixiéme Aoust mil six cens cinquante sept , lesquelles n'auroient pas pû estre faites sans
les appellantes , si elles y eussent esté receuës parties interuenantes.

La troisiéme raison , pour monstrer que toutes ces preuues pretenduës qui sont dans ces procés criminels ne peuuent seruir contre les appellantes , est qu'il s'agit de sçauoir
si ce Bernard pretendu est fils du Sieur de S. Geran ou non,
à l'effet de sçauoir s'il est son heritier ou non : Or cette
question est pure ciuile , parce qu'elle n'aboutit qu'à sçauoir qui aura les biens du Sieur de S. Geran ; en quoy l'intimée se veut seruir des preuues qui sont au procés criminel , lesquelles preuues ne sont que testimoniales : mais en
matiere ciuile , toutes preuues testimoniales doiuent estre
reciproques , l'Ordonnance veut que tous les appointemens en matiere ciuile soient reciproques , parce qu'autrement il seroit iniuste qu'vne partie eût le pouuoir de faire
preuue de ses faits , & que l'autre ne l'eût pas : d'où il s'en-
suit qu'auparauant que de iuger les appellations ciuiles
dont il s'agit , il faudroit que les appellantes eussent esté

receuës à faire leur preuue à fin ciuile , pour montrer que
ce Bernard n'eſt point & ne peut eſtre le fils du Sieur de S.
Geran : & il ne ſert de dire que ſi cela eſtoit ordonné, ce
feroit vne iuſtification pour la Goliard , & la Beaulieu,
d'autant que les appellantes retorquent contre l'intimée
les meſmes moyens qu'elle a allegué, lorsque la cauſe des
parties a eſté plaidée; c'eſt à ſçauoir qu'au procés de la Goliard il ne s'agit pas de ſçauoir ſi ce Bernard eſt le fils du
Sieur de S. Geran, mais ſi la Goliard eſt atteinte du crime
d'auoir celé la groſſeſſe de l'intimée , & d'auoir ſupprimé
ſon part; & au procés de la Beaulieu, ſi elle a ſubrogé vn
autre fils au lieu d'Henry ſon ſecond : mais dans l'enqueſte
qui ſera faite par les appellantes, elles montreront que ce
Bernard n'eſt point le fils du Sieur de S. Geran ; & partant
elles ne ſeruiront point à iuſtifier la Goliard , ny la Beaulieu : mais l'intimée ne doit pas obiecter que cela pourra
ſeruir à la iuſtification de la Beaulieu , & de la Goliard;
d'autant en premier lieu que la Goliard eſtant decedée, la
conſequence n'en peut pas eſtre grande, puis qu'elle n'eſt
plus en eſtat d'en ſouffrir la peine ; & quant à Guillemin,
ſon heritier pretendu , l'intimée pretend eſtre d'accord
auec luy; c'eſt pourquoy tout l'intereſt qu'elle y pourroit
auoir ceſſe entierement. Et quant à la Beaulieu, elle eſt en
contumace, c'eſt pourquoy elle peut eſtre condamnée par
deffaut & contumace , ſi la Cour eſtime qu'il y ait lieu,
ce que les appellantes n'ont nul intereſt d'empeſcher, c'eſt
pourquoy c'eſt en vain que l'intimée pretend que les preuues que les appellantes pourroient faire pourroient ſeruir à
la iuſtification de la Goliard , & de la Beaulieu.

La quatriéme raiſon eſt , que pour faire que les preuues
que l'intimée pretend eſtre aux procés criminels dont il
s'agit , puſſent ſeruir contre les appellantes , elle ne deuoit & ne pouuoit pas vſer des retardemens qu'elle y a apporté, parce que l'intimée ayant fait condamner à mort la
Goliard par Sentence qu'elle a obtenuë à Moulins le dix-
huictiéme Iuin mil ſix cens cinquante , & la Goliard en
eſtant appellante, elle eſtoit obligée de la faire transferer
en la Conciergerie du Palais, auec ſon procés , & le faire
iuger, parce que cela eſt dans toutes les regles, & il n'eſt
point permis à des parties accuſatrices de retenir des per-

sonnes condamnées, ny dans les prisons des premiers Iuges,
ny dans des maisons priuées, en attendant qu'ils recou-
urent de nouuelles preuues, parce que si l'intimée n'auoit
pas des preuues suffisantes contre la Goliard, elle ne deuoit pas faire iuger son procés par les Iuges des lieux; mais
apres vne Sentence de mort renduë, la condamnée estant
appellante, l'intimée estoit obligée de la faire amener en
la Conciergerie, & si elle y auoit esté, la Cour allant aux
prisonniers, auroit enioint à l'intimée de faire iuger le procés dans vn temps; voire mesme la Cour, ayant le procés,
l'auroit iugé, suiuant qu'il est enioint par les Ordonnances
de iuger les prisonniers, & principalement les appellants
de mort; veu mesme qu'il y auoit vn Arrest du vingt-sept
Iuillet mil six cens cinquante, qui auoit ordonné qu'elle
seroit conduite en la Conciergerie dans le mois; & quant
à l'Arrest du dix-sept Decembre audit an, qui auoit permis à l'intimée de faire de nouuelles preuues, il ne luy
auoit donné que deux mois, & auoit enioint de la faire amener apres les deux mois passez; à quoy non seulement
l'intimée n'a point satisfait, mais au contraire elle l'a gardé prisonniere dans vne maison size à Chantelle pendant
six années, & iusqu'au dix-huictiéme Nouembre mil six
cens cinquante-six, ce qui est capable de détruire toute
la preuue que l'intimée pretend recueillir dudit procés criminel de ladite Goliard, d'autant que la raison pour laquelle vne preuue criminelle peut faire plus de foy, est
quand on void que l'accusation a esté serieuse, poursui-
uie chaudement & consommée par la condamnation, &
par l'execution: Quand on void vne femme conuaincuë
d'auoir dérobé vn enfant, qui a esté condamnée à mort, &
executée pour cela; on croit que puis qu'il en a cousté la
vie à vne personne, il faut qu'il y ait eû vn grand fondement, parce que principalement la Cour, qui est au dessus
des premiers Iuges, n'a garde d'enuoyer vne personne
au gibet, s'il n'y a vne conuiction entiere contre le condamné; mais tout le procedé de l'intimée montre assez
qu'elle a bien voulu faire passer Bernard pour fils naturel & legitime & du Sieur de S. Geran & d'elle, & que
pour cela ayant appris du Conseil qu'il falloit qu'elle fist
faire le procés à la Goliard, & à la Beaulieu, elle n'a pas

pû éuiter de leur faire faire le procés ; elle a fait condamner à mort la Goliard, par vne Sentence des premiers Iuges, mais elle n'eût pas voulu qu'il en eût coûté la vie à la Goliard, ny à la Beaulieu : Elle veut bien faire passer en Iustice son imagination de cét enfant pretendu, mais elle n'auroit pas voulu se soüiller de leur sang, ny s'engager dans vn si grand crime, que de les faire executer à mort, pour authoriser vne chimere, de laquelle elle sçait bien la verité ; c'est pourquoy elle a retenu cette miserable creature prisonniere dans vne prison priuée de Chantelle six ans entiers ; & si l'intimée a l'asseurance de dénier ce fait, les appellantes en feront la preuue par deux mille personnes de Bourbonnois qui l'ont veu ; & quand l'intimée a fait mettre la Goliard en la Conciergerie le dix-huit Nouembre mil six cens cinquante-six, elle a pû faire iuger son procés huit ou quinze iours apres, n'en ayant esté empêchée par aucune chose ; neantmoins elle ne l'a point fait, mais elle a esté cause que la Goliard est morte dans les prisons auparauant que son procés ait esté iugé : C'est pourquoy elle ne se peut seruir de tout le procés fait à la Goliard, puis qu'elle n'a pas fait iuger ce procés pendant sa vie, parce que l'intimée sçauoit bien que la Goliard ne diroit iamais sur la sellette, & à la mort, qu'elle eust accouché l'intimée, ny qu'elle luy eust dérobé son enfant. Il en est de mesme de la Beaulieu, parce que l'intimée n'auoit qu'à faire iuger le procés contre elle depuis l'Arrest du dixiéme Aoust mil six cens cinquante-sept, puis qu'il estoit entierement en estat, par recollement & confrontation, il pouuoit estre iugé dans le Parlement mesme dés mil six cens cinquante-sept ; il pouuoit mesme estre iugé pendant les Vacations, puis que c'estoit vn grand criminel, il pouuoit estre iugé à la S. Martin ; la Beaulieu n'auoit pas manqué d'estre à la porte de la Tournelle au iugement du procés, à solliciter ; la Cour auroit pû la faire mettre en arrest au Greffe, ou dans le contrehuys, lors du iugement du procés, cela est assez ordinaire, neantmoins l'intimée n'en a rien fait ; mais apres auoir laissé passer le Parlement entier de l'an mil six cens cinquante-huit, elle a fait donner vn Arrest par lequel elle a fait faire peur à la Beaulieu, ayant fait ordonner qu'elle se mettroit dans la Conciergerie,

gerie, & ayant fait ordonner que les interrogatoires de la Goliard , & les depositions des témoins decedez seroient publiées & leuës à la Beaulieu ; ce qui ne pouuoit estre d'aucune consequence, d'autant qu'il est certain que dans tout le procés , il n'y a aucune preuue que la Beaulieu ait eû aucune intelligence auec la Goliard pour dérober l'enfant de l'intimée : & il n'y a aucune chose dans tout le procés qui puisse conuaincre la Beaulieu d'aucune liaison, d'aucune complicité , ny d'aucune participation auec la Goliard. Il y a plus , car l'intimée n'a pas ignoré & n'ignore pas encore le lieu où la Beaulieu s'est retirée; & il ne luy seroit pas difficile de la prendre prisonniere, si elle vouloit, mais l'intimée ne le veut pas, & elle croit que la contumace de la Beaulieu luy est plus auantageuse que sa prison; parce que la Beaulieu estant prisonniere, persisteroit en tout ce qu'elle a dit au procés , que ce pretendu Bernard est Henry son fils; encore certainement qu'il luy soit plus auantageux qu'il fust reputé le fils du Sieur de S. Geran, que le sien, parce qu'elle n'a point de bien; là où au contraire, la Beaulieu estant en fuite , l'intimée peut prendre tel auantage qu'elle veut de sa contumace : Et l'intimée seroit bien fâchée de s'engager dans la mort de la Beaulieu ; elle ne voudroit pas qu'elle fust condamnée , ny à la question , ny à la mort & executée ; elle croit que ce crime seroit trop grand , & elle consentiroit volontiers que la Beaulieu fust absoute , pourueu que le phantosme de son affection ce Bernard pretendu , passast pour son fils veritable; mais les appellantes sont bien fondées de soustenir que l'intimée n'ayant pas fait iuger le procés de la Goliard pendant qu'elle a vescu, ny celuy de la Beaulieu auparauant sa fuite, elle ne se peut seruir des preuues desdits procés criminels, parce qu'elle manque de leur principale force, qui est la condamnation & l'execution, & qu'on ne marchande point en Iustice ; & si elles auoient esté condamnées & executées , on auroit appris la verité de leur bouche, parce qu'on dit la verité en cét estat.

La cinquiéme raison, pour laquelle les appellantes soûtiennent que l'intimée ne peut prendre aucun auantage du procés criminel de ces deux mal-heureuses femmes contre elles , est qu'on auroit pû iustement condamner la

Goliard de son viuant , & à present condamner la Beaulieu pour sa contumace , sans qu'il s'en ensuiue que ce pretendu Bernard soit le fils du Sieur de S. Geran ; la raison
est claire , parce qu'à l'égard de la Goliard , il peut y auoir
preuue au procés , qu'elle s'est seruie de sorcellerie , &
d'Art magique , pour accoucher des femmes sans douleur,
soit en assoupissant & amortissant leurs sens , soit en trans-
ferant leur mal sur d'autres personnes ; ce qui est criminel,
puis que telles inuentions & pactions diaboliques sont def-
fenduës par la Loy de Dieu , comme il est porté au Chapitre vingt-deuxiéme de l'Exode , *maleficos non patieris vi-*
uere ; & au Leuitique , Chapitre vingtiéme , à la fin il y a
peine de mort , *vir siue mulier in quibus pythonicus , vel*
diuinationis fuerit spiritus , morte moriantur. De mesme,
par la Loy Chrestienne , & par les Ordonnances du Royau-
me , principalement quand cela tend à nuire au prochain,
comme par la translation du trauail à d'autres.

En second lieu , dautant que la Goliard , Sage-femme,
est principalement conuaincuë par tous ses interrogatoires
& toutes ses confessions , d'auoir accouché l'intimée sans
qu'elle en ait rien senty , & d'auoir soustrait son enfant;
la confession d'vn crime de cette qualité , merite vne
peine capitale , quand la chose mesme ne seroit pas vraye.
Dans le Iurisconsulte Paul , au Liure 2. titre 24. de ses Sentences , il est dit : *Obstetricem quæ partum alienum attulit , vt*
supponi posset summo supplicio affici placuit : & en la Loy
derniere , au Code ; *De plagiariis , plagiarij qui viuentium*
filiorum miserandas infligunt parentibus orbitates , ingenui
gladio consumantur. C'est pourquoy elle auroit pû estre
condamnée sur ses confessions , sans qu'il s'ensuiue de là
que ce pretendu Bernard soit né de l'intimée : De mesme, si
la Beaulieu a dit , ou confessé que Henry , son second fils,
fust decedé , & qu'elle dise à present le contraire , il peut y
auoir de la faute , par laquelle il dépendra de la prudence
de la Cour , quelle peine elle voudra décerner contre elle,
mais cela ne concluroit pas que ce pretendu Bernard
soit l'enfant de l'intimée , parce que quand elles auroient
mal répondu , ou mal parlé , leurs discours & leurs contes
ne peuuent donner à ce Bernard vne naissance qu'il n'a
pas.

La sixiéme raison des appellantes est, qu'à l'égard de la Goliard, encore qu'il n'y ait plus de fonds en son procés, puis qu'elle est morte, & que l'intimée s'est accordée auec son heritier, comme elle a voulu ; neantmoins, puis que l'intimée se veut seruir de ses réponses contr'elle, pour en induire la filiation de ce pretendu Bernard ; les appellantes offrent verifier, sous telle peine qu'il plaira à la Cour, tous les mauuais traitemens, toutes les cruautez & barbaries que l'intimée a exercées & fait exercer contr'elle, pour tirer d'elle les interrogatoires, & qu'elle n'a fait ses réponses que par force, tant dans le Chasteau de S. Geran, qu'en la maison de la du Ris, à Chantelle, pendant tout le procés, & que les témoins ont esté pratiquez & subornez par l'intimée, & il ne faut point dire que ce seroit détruire vn procés criminel, d'autant qu'outre qu'il ne s'agit plus de punir la Goliard, puis que l'intimée l'a laissé mourir auparauant son Arrest. D'ailleurs il ne s'agit point d'aucun crime entre les appellantes, & l'intimée ; mais d'vne affaire pure ciuile, en laquelle on ne peut dénier aux appellantes de faire les preuues de leurs faits.

La septiéme raison des appellantes est, que tout le procés de la Goliard est remply de tant de variations, de contradictions, & d'impossibilitez, qu'on n'y peut faire aucun fondement ; & tout ce qui en peut resulter de certain, est, qu'elle estoit quelque pauure mal-heureuse sorciere, plus digne du feu, que d'aucune creance en ses réponses.

La huictiéme raison est, qu'à l'égard de cette Goliard, auparauant que de receuoir le Viatique la veille de sa mort, elle a declaré hautement, en presence du S. Sacrement, & de tous les assistans, que iamais l'intimée n'estoit accouchée, & qu'elle n'auoit iamais receu d'elle aucun enfant ; ce qui est de grande consequence, ayant esté dit à la mort, pour la décharge de sa conscience, ce que les appellantes verifieront par les depositions de l'Ecclesiastique qui l'a administré, & par tous les assistans.

La neufiéme raison est, qu'à l'égard de la Beaulieu, constamment, c'est vn esprit fort leger, qui n'a aucune sagesse, qui fait des Vers, ou de la Proze rimée, assez desordonnée, qui est extrauagante en discours, & qui pour auoir

dit que son second fils seroit decedé , n’en seroit pas plus
veritable ; mais il y a plus , c’est qu’elle a interest de faire
croire à l’intimée que son second fils est detedé , quand il
ne le seroit pas , dont la raison est fort claire , qui est , qu’il
est constant qu’elle n’a aucuns biens , & que son mary estoit
vn Maistre d’Escrime , qui ne luy en a point laissé. Il est
tres-bien verifié au procés , qu’elle a recherché à se décharger de l’vn & de l’autre de ses enfans ; elle doit estre ra-
uie de la bonne fortune arriuée à Henry , son second fils ,
qui est que l’intimée soit dans cette creance & cette erreur ,
que ce second fils ne soit pas fils d’elle Beaulieu : mais que
l’intimée , abusée follement , prenne le fils de la Beaulieu
pour le sien , qu’elle luy procure de la naissance , de la No-
blesse , & du bien , qu’il n’a point ; qu’elle le fasse passer
pour vn Comte de S. Geran , & pour heritier de cette
Maison , & pour son enfant , & pour son heritier ; elle seroit bien fâchée que l’intimée en fust detrompée : mais la
Beaulieu ne veut pas estre en peine pour cela , elle ayme sa
peau , elle ne voudroit pas que cette bonne auanture de son
fils luy coûtât la vie , ny la question , c’est pourquoy elle
s’est absentée ; mais aussi , il est , sauf correction , tout à fait
absurde & ridicule de vouloir prendre auantage des discours de la Beaulieu , pour persuader que cét enfant est le
fils du Sieur de S. Geran.

Quant au deuxiéme poinct , qui est qu’auec toutes les
suppositions que l’intimée a artificieusement & malicieu-
sement recherchées , il n’y a aucune preuue que ledit
Bernard pretendu soit le fils de l’intimée , & du Sieur de S.
Geran.

La premiere raison est , d’autant que l’intimée a mis en
fait , contre la Goliard , dans tout son procés , que sur la fin
du mois d’Aoust mil six cens quarante-vn , elle l’auoit accouchée dans vn assoupissement de tous ses sens , pendant
sept , ou huit heures , sans auoir rien senty ; depuis elle a
dit que ç’a esté dans vn long trauail , & qu’apres que la Goliard auoit pris l’enfant qu’elle auoit donné à Beaulieu ,
Maistre d’Hostel , qui l’auoit emporté en Auuergne en
l’Abbaye de Lauoine , qu’il a esté allaitté par le chemin par
vne Cabaretiere , en passant , & mis sur vne charrette ; mais
on ne voit , & on n’apperçoit aucune trace , ny aucune suite ,

par laquelle il paroisse que cét enfant ait esté apporté à la Beaulieu, en cette ville de Paris, pour le faire baptiser à S. Iean en Gréve, le septiéme Mars mil six cens quarante-deux, & le mettre en nourrice au village de Torcy; ce qui neantmoins seroit absolument necessaire, car quand il est question de donner vn enfant à vne famille, lequel n'a jamais esté reconnu, ny traité comme enfant, par vn pere & vne mere, il faut qu'il y en ait des signes certains & inuincibles, & qui soient tellement liez & suiuis, qu'on n'y voye point d'interruption, parce que les affaires de cette qualité sont de grande importance, pour la consequence des familles, & des successions: Or tout ce qui resulte de tout ce procés que l'intimée a fait faire, est, qu'elle pretend d'vn costé qu'elle est accouchée sans le sçauoir, dans vn assoupissement magique de ses sens, que Beaulieu a emporté le fils dont elle est accouchée en Auuergne; & d'autre costé, que le sept Mars mil six cens quarante-deux, il y a eû vn enfant baptisé à S. Iean en Gréve, & qu'il a esté nommé Bernard, mis en nourrice à Torcy par la Beaulieu, qui en a payé les mois, qui l'a retiré de nourrice, & que la Beaulieu a dit que son deuxiéme fils estoit mort. Or pour en induire qu'il estoit le fils du Sieur de S. Geran, & de l'intimée, il faut conclure, donc ce Bernard est Bernard de la Guiche, fils du Sieur Comte de S. Geran, & de l'intimée; quelle est cette consequence? elle est nulle en Iurisprudence, aussi bien qu'en Dialectique, parce que quand ces trois faits seroient veritables, que non, que l'intimée fust accouchée en Aoust mil six cens quarante-vn, entre les mains de la Goliard, laquelle luy auroit emporté son enfant, & qu'elle l'auroit donné à Beaulieu, Maistre d'Hostel, il ne s'enfuiuroit pas que Beaulieu, Maistre d'Hostel, l'eust apporté d'Auuergne à Paris, & qu'il l'eust donné à nourrir & à esleuer à la Beaulieu, qui estoit veufve & necessiteuse; & trop plus, chargée de deux enfans, desquels elle ne sçauoit que faire, cherchant à s'en décharger; & quand il seroit vray que la Beaulieu, le sept Mars mil six cens quarante-deux, auroit fait baptiser vn enfant à S. Iean en Gréve, qui auroit esté nommé Bernard, & qu'elle l'auroit fait nourrir à Torcy, il ne s'enfuit pas que ce soit l'enfant de l'intimée; & quand la Beaulieu auroit perdu son second enfant,

G iij

& qu’elle l’auroit pleuré, & qu’elle l’auroit dit, il ne s’enfuiuroit pas que celuy qu’elle auroit donné à l’intimée au
mois d’Octobre mil six cens quarante-trois, fuft le pretendu fils de l’intimée , tous ces faits particuliers ne portent
aucune confequence l’vn pour l’autre.

La feconde raifon des appellantes , eft, d’autant qu’au
procés dont il s’agit, il n’y a aucune perfonne qui dife auoir
veu que l’intimée eftant prefte d’accoucher , ait efté en-
fermée dans vne chambre du Chafteau de S. Geran, le iour,
ou la nuit, feule auec la Goliard, & auec Beaulieu, Maître d’Hoftel ; il n’y a perfonne qui ait dit l’auoir veu fortir
de la chambre, ny aucun qui l’ait veu emporter l’enfant, ny
aucun qui ait veu ofter les linges du lict, dans lequel l’intimée eftoit accouchée, ny qui les ait veûs porter lauer au
foffé , ny qui les ait laué, fans qu’ils euffent efté veus de
quelqu’vn, y ayant tant de perfonnes en ce mefme temps
dans le Chafteau de S. Geran, qui y eftoient venuës pour
l’accouchement de l’intimée.

La troifiéme raifon eft, qu’il n’y a aucune preuue au procés, que perfonne ait veu Henry de Beaulieu, fecond fils
de la Beaulieu, eftre malade, ny mourir, ny enfeuelir, ny
croire que ce fecond fils de la Beaulieu eft mort ; parce
qu’vn fait de mort de cette qualité ne fe peut iamais iuftifier fur vn fimple dire d’vne mere, qu’on dit qu’elle a dit ; &
s’il s’agiffoit de la fucceffion d’vn enfant, qu’on diroit eftre
mort fur vn fimple dire d’vne mere, iamais on ne rèceuroit
ce fait en Iuftice, pour eftablir vn partage, ny vn ordre
de fucceffion fur vn fimple dire : c’eft pourquoy il eft vray
de dire qu’il n’y a aucune preuue au procés, que ce pretendu Bernard foit fils de l’intimée.

A l’égard du troifiéme poinct, il eft encore bien plus im-
portant, d’autant qu’il doit faire debouter l’intimée diffinitiuement de cette pretention, que ledit Bernard puiffe
eftre le fils & l’heritier du Sieur de S. Geran pour plufieurs
raifons ; La premiere eft, qu’il feroit de trop grande confequence, de receuoir vne action de la qualité de celle de
l’intimée, de venir dire, huit, ou neuf ans apres qu’elle
feroit accouchée, fans que ny elle, ny aucune autre perfonne s’en fuft apperceuë qu’elle feroit accouchée d’vn fils
par Art magique , & dans vn affoupiffement dans lequel

on luy auroit enleué vn enfant: Les Loix ne connoissent point ces voyes extraordinaires & contre nature, les Loix se font des choses qui arriuent naturellement & ordinairement en la Loy 3. *de legibus ius constitui oportet de iis quæ vt plurimum accidunt* ἐπὶ τὸ πλεῖστον *non quæ ex* ἀραιόκκ, c'est à dire contre la coustume & la raison: on a decidé en la Loy 12. *de stat. hom.* que les enfans nez à sept mois estoient legitimes, parce que les Medecins qui ont l'experience l'enseignent ainsi: *Septimo mense nasci partum perfectum, iam receptum est propter authoritatem doctissimi viri Hypocratis, ideo qui ex iustis nuptiis septimo nascetur filius legitimus erit*, parce que cela est naturel & ordinaire; mais quand il a esté question d'enfans nez à onze mois, encore que Monsieur Cujas eust dit qu'ils pouuoient estre legitimes, sur le quatriéme Liure des Sentences de Paul, au tit. 9. neantmoins par les Arrests de cette Cour, ils ont esté declarez illegitimes & incapables de succeder, parce qu'il faut suiure le cours ordinaire de la nature; de mesme, de pretendre qu'vne femme puisse accoucher sans douleur, dans vn assoupissement letargique, prouoqué par Magie, dans vn trauail, sans qu'elle s'apperçoiue d'estre accouchée, ou qu'on luy puisse faire accroire de n'estre pas accouchée, ce sont choses qui ne doiuent iamais estre receuës dans la iustice. Il est dit au second de la Genese, que Dieu le pratiqua en la creation de la premiere femme, lors qu'il la tira de la coste d'Adam, *& immisit Deus soporem in Adam:* Les Septante ont tourné

mais que les Sorciers puissent garantir les femmes de l'Oracle de la verité, qui a prononcé aux femmes, *in dolore paries;* & qui a encore dit: *mulier cum parit tristitiam habet, &c.* certainement c'est égaler la puissance du Demon à celle de Dieu, qui en affranchit sa Mere entre toutes les creatures; cela est trop extraordinaire, pour rendre à vn enfant vne qualité d'enfant qu'il n'a pas eû en sa naissance, & si l'intimée se plaint qu'on luy a volé son enfant dans cét estat, elle en est la premiere & la plus coupable, d'auoir voulu accoucher sans douleur, & de s'estre seruy d'vne Sorciere dans sa couche; aussi l'intimée dit à present le contraire, & qu'elle est accouchée dans la douleur & le trauail; cette variation montre la supposition, comme les

Arrefts ont fait tres-grande difficulté de donner atteinte à l'eftat des enfans, quand ils font nez pendant le Mariage, fans que des heritiers foient receus à prouuer apres la mort d'vn mary, qu'vne femme s'eft mal gouuernée, & qu'elle a eû des enfans adulterins d'vn autre que de fon mary, fuiuant la regle que *filius eft quem nuptiæ demonftrant;* de mefme, au contraire, quand vn enfant n'eft point né dans les voyes ordinaires de la nature, en la maniere que toutes les meres accouchent, fans qu'aucun de la famille en ait oüy parler pendant huit, ou neuf ans, il n'y a aucune couleur de luy vouloir donner vne naiffance extraordinaire. Autre fois le Sieur de Marigny, ayant époufé vne femme, laquelle il pretendit eftre impuiffante au Mariage, à caufe de la mauuaife conformation de fes parties naturelles, & en ayant rapporté des certificats inuincibles des Medecins, en confequence dequoy il demanda que fon Mariage fuft caffé en l'Officialité; la Dame de Marigny ayant appellé, comme d'abus de la citation, deffunct Monfieur Bignon ayant dit que cela eftoit vne action nouuelle qu'il falloit étouffer comme les monftres, elle fut reiettée, il y eut Arreft, qui dit mal, nullement & abufiuement, parce qu'il fe faut tenir aux voyes ordinaires & legitimes de la nature, aufquelles feules les Loix s'attachent. Il en eft de mefme de l'âge des Mariages, parce que le Droict Canon ayant decidé qu'vn mafle, auparauant l'âge de quatorze ans; & vne fille, auparauant l'âge de douze ans accomplis, pouuoient eftre mariez, fi on pouuoit reconnoiftre qu'ils fuffent capables actuellement de la confommation du Mariage auparauant cét âge; les Arrefts ont reietté toutes les preuues qui fe pourroient faire de cette puiffance active & paffiue, & ont iugé les Mariages, faits auparauant ces âges, nuls, quand bien on auroit pretendu qu'ils auroient efté confommez, parce que la Cour fe tient à des regles certaines, en ces matieres.

La feconde raifon eft, que les appellantes ont des preuues par écrit irreprochables, que l'intimée ne peut pas eftre accouchée comme elle dit, qui font les Lettres que deffuncte Madame la Marefchale fa mere en a écrit; & en l'année mil fix cens quarante-vn, pendant le temps, dans lequel l'intimée a pretendu eftre accouchée, & depuis

mefme

mesme le procés criminel que l'intimée a commencé contre la Goliard, lesquelles sont tres-precises, que l'intimée n'estoit point accouchée; & la Cour obseruera, s'il luy plaist, ce qui a esté remarqué au commencement dans le fait, sçauoir que la Dame Mareschale de S. Geran estoit allée au Chasteau de S. Geran dés le mois de Iuillet de cette année mil six cens quarante-vn, pour assister aux couches de l'intimée, que la Dame Marquise de BOüILLé sa sœur y estoit, que la Dame de Salligny sa tante y arriua, qu'elles y demeurerent toutes pendant tous les mois de Iuillet, Aoust, Septembre, Octobre, sans qu'il parût en aucune façon que l'intimée fût accouchée, estant dans le mesme estat auquel elle estoit quand elles arriuerent au Chasteau; & outre ce, Madame la Mareschale y demeura iusqu'au mois de Ianuier mil six cens quarante-deux, pour assister l'intimée & la consoler du déplaisir qu'elle auoit de ce qu'elle croyoit s'estre trompée; & comment est-ce qu'il se pourroit faire que l'intimée fust accouchée par toute la sorcellerie du monde, sans que le iour mesme, ou le lendemain, il y eust paru, sans qu'elle eust gardé le lit, sans que son ventre eust paru desenflé & déchargé, sans sentir de la douleur, sans qu'il eust fallu vser de bandages, sans qu'elle fust demeurée au lict pour se purger, sans que le lait luy fust venu aux mammelles en abondance, sans qu'il y eust apporté quelques remedes? certainement ce sont des choses tout à fait incroyables, & lesquelles ne peuuent iamais estre receuës en Iustice.

La troisiéme raison est, qu'il n'y a aucun suiet de croire que la Goliard eust voulu faire ce déplaisir à l'intimée, de luy dérober vn enfant, ny que Beaulieu, qui auoit esté estimé tousiours fort fidele aux Sieur & Dame de S. Geran, & qui est decedé à leur seruice, eust voulu leur faire vne si grande trahison : car de dire qu'il s'estoit laissé corrompre à la Marquise de Boüillé, c'est vne chose si inepte, que la Goliard ne l'a iamais dit, & l'intimée n'a iamais osé l'en accuser; & quant au Sieur de S. Maixant, il est ridicule qu'il eust voulu prendre part dans vn crime de cette qualité, n'y pouuant auoir aucun interest, ny prest, ny loin.

La quatriéme raison est, qu'il est iustifié par vne enqueste

Cette En-queste est

H

produite par les appellantes en leur second Inventaire, cott. C.

d'examen, à futur, que les appellantes ont fait faire, que ce Bernard, qui a esté baptisé à S. Iean en Gréve, & mis à Torcy en nourrice, est viuant, lequel sera representé à la Cour, quand il luy plaira, & la Cour verra qu'il est fils d'vn nommé Bernard de Mantes, qui est vn Maistre à Danser en cette ville de Paris, encore viuant, homme de probité, lequel estoit logé auec deffunct Henry Beaulieu, mary de ladite Damoiselle de Beaulieu, lors que Beaulieu deceda; & il est facile d'accorder le temps de sa naissance, & le soin qu'a eû la Beaulieu de son éducation à Torcy; il est iustifié par écrit que Henry Beaulieu, mary de ladite Pigoreau, est decedé en cette ville de Paris, en Iuin mil six cens trente-neuf; la Beaulieu est accouchée de Henry, son second fils, le neufiéme Aoust mil six cens trente-neuf, elle l'a allaitté de ses mammelles depuis le mois d'Aoust mil six cens trente-neuf, iusqu'en Avril, ou May mil six cens quarante-vn, qui est le temps ordinaire que les enfans tettent, qui sont vingt, ou vingt-vn mois. Il est arriué que le septiéme Mars mil six cens quarante-deux, vn enfant a esté baptisé à S. Iean en Gréve, nommé Bernard, sans declarer son pere, ny sa mere; la Beaulieu y a assisté, elle l'a mis en nourrice à Torcy, elle l'a recommandé à la Nourrice, elle luy a dit qu'il luy feroit du bien, qui sont les discours qu'on fait à des Nourrices; elle en a payé les mois à la Nourrice, elle l'a visité auec vn grand homme vestu de brun auec vn manteau d'écarlatte, elle l'a retiré de nourrice : Il est certain que de Mante se nomme Bernard, cét enfant a esté nommé de son nom, le mesme de Mante ne desauoüe pas d'en estre le pere; il auoüe que c'est vn fils bastard qu'il a eû pendant son veufvage, & pendant qu'il estoit demeurant dans le mesme logis auec la Beaulieu; Qui est-ce qui ne presumera que cét enfant est né de la conionction illicite de la Beaulieu, & dudit de Mante? certainement toutes les coniectures y sont. Qui est-ce qui ne iugera que ce grand homme, vestu de brun & d'vn manteau d'écarlatte, ne soit ce de Mante, duquel la taille (que la Cour verra, s'il luy plaist) est toute pareille ? Il sera encore verifié, qu'apres que cét enfant a esté retiré de nourrice de Torcy, il a esté mis, par de Mante, en pension chez vne femme nommée Magdelaine, qui estoit vne Tripiere, qui vendoit au coin

de la ruë S. Paul, qui logeoit à l'enseigne des trois Croif-
fans, qu'il y a demeuré iufqu'à lâge de cinq, ou fix ans, pendant lequel temps, Henry, fecond fils de la Beaulieu, venoit auec ce Bernard au coin de la ruë luy demander quelque chofe; depuis, fon pere l'a retiré chez luy, & luy a fait
apprendre à lire & à écrire, & à ioüer du violon; qu'eftant
grand, il a couru le païs, a demeuré à diuers maifons de
Gentils-hommes de la Campagne, où il ioüoit du violon;
enfin, il eft reuenu chez fon pere en cette ville de Paris, où
il demeure actuellement: Si ce fait eft veritable, il eft impoffible que ce Bernard pretendu, que l'intimée produit
pour eftre fon fils, comme ayant efté baptifé à S. Iean en
Gréve, & nourry à Torcy, foit fon fils & du Sieur de S.
Geran, parce qu'entre les chofes effentielles que Dieu a
eftably dans le monde, c'eft vne difference indiuiduelle &
numerique, par laquelle chaque homme eft conftitué en
particulier en fon eftre qui eft indiuifible & incommunica-
ble à tout autre. Il eft impoffible que celuy qui a efté
baptifé à S. Iean en Gréve, & nourry à Torcy, foit le fils
naturel dudit de Mante, & qu'il foit le fils de l'intimée;
qu'en l'année mil fix cens quarante-trois, il ait efté en Bourbonnois, retiré & logé chez l'intimée à S. Geran, & qu'il
ait efté nourry & efleué en la ruë Bourtibourg, chez la
nommée Magdelaine, dans le mefme temps. Il eft impoffible qu'il foit logé chez l'intimée, à S. Geran, & qu'il
foit logé chez de Mante, fon pere, à Paris; & il eft impoffible de paffer fur ce fait. Il y a plus, car l'intimée s'en eft in-
formée; elle a veu ce Bernard, fils de Mante; il s'eft mê-
me rencontré auec le faux Bernard, que l'intimée produit,
c'eft pourquoy il y a grand fuiet de s'eftonner comment
l'intimée peut encore perfifter dans cette fable. Dieu encore, pour empefcher la confufion des indiuidus, a eftably
des fignes de difference effentiels entre les hommes, qui
confiftent en trois chofes, aux traits du vifage, en la parole, & en l'écriture, qui font toutes differentes; on pourra
difcerner le vray Bernard, qui eft Bernard de Mante,
d'auec celuy de l'intimée, à ces trois marques, qui font in-
compatibles en deux perfonnes, fi la Cour eftime que la re-
connoiffance & la verification en foient neceffaires; mais
comme les appellantes eftiment que la Cour le verra dans

le fait affez iuftifié , elles efperent qu'elle le iugera diffini-
nitiuement.

L'intimée dit, que c'eft offenfer la memoire du feu Sieur
de S. Geran, de vouloir faire croire qu'il s'eft efforcé de
terminer fa vie dans l'impofture : mais les appellantes répondent, que de la façon qu'elles ont conduit cette caufe,
elles n'en ont accufé que l'intimée, qui a feul fabriqué tout
ce Roman melancolique, ayant abufé de la facilité de fon
mary, qui a eû tres-peu de connoiffance de tout ce qui s'y
eft paffé. L'intimée adioûte que le Sieur de S. Geran, &
elle, ont pû adopter cét enfant. Les appellantes le dénient,
parce que les adoptions ne font point receuës en France ;
elle dit qu'ils ont pû luy donner tout leur bien ; cela eft
vray, mais ils ne l'ont pas fait, & l'intimée feroit bien fâchée de s'en eftre dépoüillée par vne donation. L'intimée
adioûte que fon mary, & elle, pouuoient luy donner leurs
biens, à la charge de porter leurs noms & armes : les appellantes foûtiennent que cela n'eft pas vray , parce que ces
conditions ne fe peuuent impofer qu'à ceux qui font déja
de la famille , & non à des étrangers , ny à des bâtards.
L'intimée dit qu'vn pere , & vne mere n'ont pas accoûtu-
mé de fe fuppofer vn enfant , & que telles fuppofitions ne
fe font que par les furuiuans ; Les appellantes répondent,
qu'il eft vray que ce Roman qu'elle s'eft forgée du viuant
de fon mary, eft auffi fans exemple , & l'vn eft auffi blâ-
mable que l'autre : Elle dit qu'il ne faut pas prefumer que
fon mary ait voulu terminer fa vie par vn crime. Les appellantes répondent, que le Sieur de S. Geran n'a rien fceu
de l'apoftille que l'intimée luy a fait adjoûter à fon Codicille, par lequel elle luy a fait enioindre à fes Executeurs
de pourfuiure ce procés. L'intimée dit que les appellantes
ne font pas receuables à contefter l'eftat de ce garçon, parce
qu'il a efté adoüé par fes pere & mere viuans, qui doiuent
eftre Iuges fouuerains de la filiation de leurs enfans, par le
§. *proxime iuft. de legit. agn. fucceff.* & autres textes alleguez ; mais les appellantes répondent que cette propofition n'a iamais encore efté auancée par perfonne que l'intimée , auffi les Loix qu'elle cite ne le difent pas ; au contraire , toutes les Loix difent, *parentes natales non profeffio*
affignat, l. 22. l. 24. au Cod. *de lib. caufa :* & en la Loy 14. au

Cod. *de lib. cauſ. non nudis aſſeuerationibus, nec ementità profeſſione, licet vtrique conſentiant, ſed matrimonio legitimo concepti ; filij ciuili iure patri conſtituuntur.* Les declarations des peres, & meres, pour leurs enfans, ne ſeruent de rien, ſi les enfans n'ont la preuue legitime de leur naiſſance, qui conſiſtoient par le Droiᵭ Ciuil, aux Aᵭes publics, *in profeſſionibus apud aᵭa*, qui eſt la meſme choſe, que ſont parmy nous, les Regiſtres baptiſtaires, parce qu'au lieu que dans noſtre vſage les pere & mere font la declaration de leurs enfans, lors qu'ils ſont preſentez au ʙapteſme ; de meſme, par le Droiᵭ Ciuil, lors qu'vn enfant eſtoit né, le pere eſtoit obligé de faire écrire ſon nom aux Regiſtres publics, qui ſe gardoient par les Officiers des Villes ; & c'étoient ces Regiſtres qui faiſoient foy de l'eſtat des enfans, comme à preſent nos Regiſtres baptiſtaires ; mais il n'a jamais eſté dit qu'vn pere & vne mere puſſent faire vne declaration par Teſtament, qu'vn enfant fût à eux, ny que cette declaration fût ſuffiſante pour le rendre leur fils, ſi d'ailleurs il ne l'eſtoit pas, & s'il n'en auoit pas les preuues legitimes & conſtantes.

L'intimée adioûte, que les Collateraux ne ſont pas bien fondez de debattre l'eſtat des enfans, lors qu'ils ont eſté reconnus de leurs pere & mere ; ſurquoy elle cotte vn Arreſt de cette Cour du dix-huiᵭ Iuin mil ſix cens trentehuit, qui iugea pour vn nommé Girard, que des Collateraux n'eſtoient pas receuables de conteſter l'état d'vn enfant aduoüé par ſes pere & mere : mais la réponſe eſt facile, c'étoit vne femme qui eſtoit accouchée dans la maiſon de ſon mary, luy le voyant & l'authoriſant, contre la volonté duquel, desparens auoient fait venir le Iuge pour la viſiter ; on iugea que ſi vne action de cette qualité eſtoit receuable, il pourroit y auoir du peril ; mais il n'en eſt pas de meſme en cette eſpece, d'autant qu'il ne s'agit pas d'aucune plainte que les appellantes ayent fait en Iuſtice contre l'intimée, au mois de Iuillet, ou au mois de Iuin mil ſix cens quarante-vn, dans le temps auquel elle pretend eſtre accouchée, qui eſt l'eſpace de cét Arreſt allegué du Sieur Girard ; mais c'eſt l'intimée, qui en l'an mil ſix cens quarante-neuf, a voulu prouuer qu'elle eſtoit accouchée en l'année mil ſix cens quarante-vn, & a voulu donner vne

qualité d'enfant à vn garçon, qui n'en estoit point en poffeffion pendant plus de dix, ou douze années: or quand il
arriue des affaires de cette qualité dans vne famille, on ne
peut pas dire que des heritiers prefomptifs n'y ayent pas
d'intereft, ny qu'ils n'y foient pas parties neceffaires, dau-
rant que ce ne font pas eux qui commencent le procés, pour
troubler vn pere & vne mere, qui font en poffeffion de
leur Mariage & de l'état de leurs enfans, parce que dans
les procés de cette qualité, il ne s'agit pas feulement de
donner vn neveu à Madame de Ventadour, & vn coufin
germain à la Dame Comteffe du Lude, defquelles il pourroit eftre heritier, & fes enfans pourroient eftre auffi heritiers de ceux defdites Dames.

L'intimée accufe plufieurs fois les appellantes d'extraua-
gance, de vouloir luy imputer vne fuppofition, attendu
qu'elle n'en a aucun fuict, n'ayant point d'inimitié contre elles ; & elle d'ailleurs ne pouuant eftre accufée de dé-
reglement de vie, de plus eftant de bonne Maifon ; & elle
adioufte qu'elle auroit plus gagné de viure en repos. Certainement les appellantes ont fuiet de s'eftonner, pourquoy l'intimée les prouoque de penetrer fi auant dans fes
intentions, pour fçauoir quel motif l'a porté à s'engager
dans vne entreprife de cette qualité ; qui pourra mieux
porter le nom qu'elle veut appliquer aux appellantes, que
ce qu'elle leur reproche ? mais il n'y a guere de perfonnes
qui puiffent iuger que l'action de l'intimée foit fage, elle
ne manque pas d'aduerfion contre fes plus proches, qu'elle
a fomenté toute fa vie, & qu'elle a infpiré mefme au feu
Sieur de S. Geran, fon mary, fa maniere de s'éprendre
d'affection pour des enfans qui ne luy eftoient rien, & qui
luy a efté tres-ordinaire, & quafi familiere pendant tout
le cours de fa vie, eft fans doute vn defordre dans fa conduite, & la grandeur de fa Maifon luy deuoit donner plus
de retenuë, pour n'en pas ternir le luftre par la fuppofition
d'vn heritier qu'elle luy veut donner d'vn enfant de baffe
naiffance ; que fi les appellantes refiftent à cette fantaifie, il
ne faut point que l'intimée crie à l'impieté, ny à la fu-
reur, comme elle fait ; parce qu'au contraire, elles feroient
cruelles à elles-mefmes, & à l'honneur de leur Maifon, fi
elles manquoient de les fecourir en cette occafion.

L'intimée tire vne étrange confequence de l'abfence de la Beaulieu, en difant, que fi elle eft condamnée à mort, il s'enfuit que l'enfant contentieux eft le fils de l'intimée; parce qu'apres la condamnation de la Beaulieu, les appellantes ne peuuent plus contefter : on ne repaffe point deux fois fur vne caufe d'état, comme de la liberté; la fucceffion eft vn acceffoire de la maternité; quand vn procés de rapt eft iugé auec vn pere ou vne mere, les freres & fœurs ne peuuent plus en remuer la queftion, ce font des matieres mixtes de ciuil, & de criminel. Pourquoy receuoir les appellantes à vne preuue ciuile? pour leur donner le moyen de renuerfer tout auec deux ou trois témoins fubornez. Il faut aduoüer que voilà vn étrange raifonnement, qui chante le triomphe auant la victoire : Il a efté déja dit tant de fois, que quand la Beaulieu feroit condamnée d'auoir fuppofé vn enfant pour fon fecond fils decedé, qui eft la feule chofe, de laquelle on pretend y auoir quelque charge contre elle, il ne s'enfuiuroit pas que cét enfant fuppofé pour le fien, feroit celuy de l'intimée, puis qu'il n'y a aucune confequence neceffaire de l'vn à l'autre; ce n'eft point repeter vne caufe d'état, puis que cét état n'eft point iugé par aucun Arreft; il y a eû des procedures criminelles confirmées, qui n'ont point iugé que l'intimée eût efté ny groffe, ny mere; c'eft pourquoy la caufe eft entiere, & Dieu ayant permis que cette queftion n'ait point efté iugée auparauant le deceds du Sieur de S. Geran, elle ne peut plus eftre iugée qu'auec les appellantes; or elle ne peut plus eftre iugée auec les appellantes, fur vne information, vn recollement, ny vne confrontation; parce que ces fortes de procedures criminelles ne fe peuuent faire que contre des accufez; mais les appellantes ne font point accufées, c'eft pourquoy ces procedures ne peuuent plus auoir de lieu contre les appellantes : Mais dés le moment, auquel le deceds du Sieur de S. Geran eft arriué, les appellantes ayant commencé d'y eftre parties capables & legitimes par la confeffion de l'intimée, le procés n'a pû eftre que ciuil & ciuilifé à l'égard des appellantes; parce qu'à leur égard, il ne s'agit point d'aucun crime qu'elles ayent commis, mais du bien d'vne fucceffion, qui eft vne chofe pure ciuile, & quand mefme la Beaulieu pourroit eftre condamnée à mort par contumace, il ne s'enfuiuroit pas que fi la Cour

ne vouloit iuger diffinitiuement pour les appellantes , il
ne falluft les receuoir à preuue de leurs faits , d'autant
qu'vne procedure criminelle ne peut pas feruir d'vne preuue
complette & entiere contre les perfonnes qui ne font ny accufées, ny heritieres des accufez ; & il ne faut point que
l'intimée dife que ce feroit admettre les appellantes à la
preuue d'vne negatiue , dautant que les appellantes n'en-
tendent point iuftifier que des faits tres-affirmatifs , tels
que font ceux qui font déja articulez fort au long au
procés.

L'Intimée auoüe que l'affaire dont il s'agit , eft ciuile à
l'egard des appellantes, & qu'il eft vray qu'en matiere ciuile , les appointemens qui permettent les preuues, doiuent
eftre reciproques ; mais pour s'en deffendre en cette caufe,
elle s'eft auifée d'vne belle diftinction, qui n'a encore efté
auancée par aucun Docteur, ny autre, verfé aux affaires,
qui eft, qu'il eft vray que cette preuue peut auoir lieu dans
les procés purs ciuils, mais non pas en ceux qui font meflez
de crime & de ciuil ; l'intimée n'en fçauroit rapporter aucune authorité, ny exemple, auffi il n'y en peut auoir : La
raifon eft, que par tout où l'affaire eft ciuile, elle eft fuiette
aux formes de la Iuftice ; or c'eft vne forme de Iuftice,
qu'en matiere ciuile la preuue foit reciproque ; mais il eft
vray de dire que l'affaire dont il s'agit eft pure ciuile à l'é-
gard des appellantes , dautant qu'elles ne font point &
n'ont iamais efté comprifes dans le criminel ; mais il y a encore plus , parce que , comme il a efté montré , quand la
Sage-femme feroit coupable•de fuppreffion de part, &
quand la Beaulieu feroit conuaincuë d'auoir fuppofé vn
enfant pour le fien, il refteroit toufiours la feule veritable
queftion de la fucceffion, pour fçauoir fi elle appartiendroit
à cét enfant, ou aux appellantes, qui eft vne pure inftan-
ce ciuile, en laquelle on ne peut pas refufer aux appellantes de les admettre à la preuue de leurs faits, puis que l'intimée pretend auoir fait la preuue des fiens, finon que la
Cour voulût iuger diffinitiuement au profit des appellantes.
L'intimée fe fert de l'induction de l'Ordonnance, qui n'ad-
met pas la preuue par témoins au deffus de cent liures : mais
fi elle auoit lieu en cette caufe, il s'enfuiuroit que l'intimée
ne feroit pas non plus receuable en la preuue de la pretenduë filiation de fon fils ; mais fi leurs preuues, par témoins,

font

font receuables au fait de la filiation , il s'enfuit qu'elles
doiuent eſtre reciproques.

L'intimée dit que les preuues de la filiation ſe doiuent
tirer des Regiſtres baptiſtaires pour les affaires ordinaires,
mais non pas en vn crime de fouſtraction d'vn enfant : mais
l'intimée ne prend pas garde que cette propofition a deux
parties, parce qu'il faut qu'il ſoit conſtant qu'il y ait vn enfant auparauant qu'on puiſſe prouuer qu'il a eſté volé ; &
partant, ſi la preuue de la filiation ſe doit prendre des Regiſtres, il s'enfuit que l'intimée n'en a aucune preuue legitime par écrit; que ſi elle la veut prendre des témoins, il faut
que les appellantes ayent la faculté de verifier le contraire.

L'intimée inſiſte que la preuue teſtimoniale eſt receuë
à fait en matiere de filiation , parce qu'il y a eû beaucoup
de peres qui ont chaſſé leurs enfans ; les appellantes peuuent répondre que ces exemples ſont bien rares, mais ſi cette
preuue eſt receuable, il eſt neceſſaire qu'elle ſoit reciproque.

L'intimée dit que le recollement & la confrontation ont
lieu contre les ſeuls accuſez, mais ciuilement contre toute
ſorte de perſonnes, comme ſi des creanciers interuenoient
en vn procez de concuſſion ; mais cela eſt tout à fait hors
de propos, parce qu'on ſçait qu'en matiere criminelle, on
ne reçoit iamais de creanciers interuenans ; mais tout ac-
cuſé eſt obligé de ſe deffendre de ſoy-meſme , & par ſa
bouche. L'intimée accuſe les appellantes d'auoir eſloigné
le jugement du procés ; mais les appellantes ont montré au
contraire , que c'eſt l'intimée qui a laiſſé paſſer tout le
temps, depuis mil ſix cens quarante-neuf , ſans auoir iamais fait iuger ce procés ; & elles n'ont iamais pû le faire
iuger , puis qu'elles n'y ont iamais eſté receuës parties.

L'intimée dit que le nommé Bernard, que les appellantes pretendent eſtre le fils de Bernard de Mante , ne peut
eſtre celuy duquel il s'agit, dautant que le fils de Mante eſt
dépeint les yeux & les cheueux noirs , & le teint baſané;
au contraire , celuy qui a eſté mis en nourrice à Torcy
auoit les yeux bleus & le teint blanc ; Mais premierement , l'intimée ſe doit reſſouuenir qu'elle a dit qu'il ſe
pouuoit faire que cét enfant, baptiſé à S. Iean en Gréve,
& nourry à Torcy, fût le fils de Mante ; neantmoins elle
conclud formellement à ce que la ſucceſſion du feu Sieur
de S. Geran ſoit adiugée à ce meſme enfant. Si cela eſt;

comment ofe-t'elle affeurer que cét enfant eft à elle , apres
auoir dit qu'il peut eftre le fils de Mante ? La Cour peut-
elle adiuger la fucceffion du Sieur de S. Geran à vn enfant qui peut eftre né d'vn autre pere ? & quant à cette di-
uerfité d'yeux & de teint que l'intimée allegue, c'eft vne
pure bagatelle ; étant à obferuer que par le rapport de l'âge,
des témoins aufquels l'intimée a fait dépofer , que cét enfant nourry à Torcy auoit les yeux bleus, & le teint blanc ;
au lieu que l'enfant de Mante a les yeux, & le teint noirs ;
lors qu'ils depofent auoir veu cét enfant en nourrice , ils
ne pouuoient eftre âgez que de huit à neuf ans ; & partant
ils peuuent facilement s'eftre mécontez à ces fignes exterieurs ; mais la realité & la folidité de la filiation ne dépend point de ces reffouuenances d'vn âge fi ieune , qui
peuuent eftre fautiues, & font toufiours incertaines ; au
lieu que la preuue qui en eft rapportée par les appellantes,
& qu'ils offrent de faire encore plus grande , eft palpable
& infaillible , comme du témoignage de fon pere qui eft
encore viuant, de fa belle-mere, de luy-mefme, de tous
ceux , és maifons defquels il a demeuré depuis qu'il eft au
monde , offrant de fuiure à la pifte tous les lieux où il a demeuré depuis fa naiffance iufqu'à prefent, qui eft la preuue
la plus certaine qu'on en puiffe auoir. Eftant inutile à l'intimée d'alleguer qu'il n'eft pas iufte que les appellantes,
auec deux , ou trois témoins, qui peuuent eftre fubornez,
puiffent renuerfer tout ce que l'intimée a fait iufqu'à prefent , parce qu'outre que les appellantes foûtiennent, que
tout ce que l'intimée a bafty iufqu'à prefent , eft vn édi-
fice qui fe dément, & qui creve de tous côtez par les fen-
tes & les ruïnes qu'elles y ont fait voir dans la conftruction
de tous les faits pofez & entaffez par l'intimée : D'ailleurs,
les appellantes n'ont produit & ne produiront que des témoins neceffaires , qui ont affifté à tout le temps de la
groffeffe pretenduë de l'intimée , qui ont toufiours efté
prés d'elle à la feruir dans le temps auquel elle pretend
eftre accouchée , & depuis ce temps , qui ont toûjours
beu & mangé, & communiqué auec Beaulieu le Maître
d'Hoftel , au temps auquel l'intimée pretend qu'il luy a
enleué fon enfant , qui fçauent qu'il a toûjours efté lors
dans le Chafteau de S. Geran , fans en eftre forty , ny
abfenté vn feul iour , qui ont veu Madame la Marefcha-

le , mere de l'intimée , continuellement auprés de l'intimée dans le Chasteau de S. Geran iour & nuit , & qu'elle
y a demeuré iusqu'au mois de Ianuier mil six cens quarante-deux , qui ont veu tous les iours l'intimée se leuer,
marcher , aller & venir en toutes sortes de compagnies
auec la Dame sa mere , & les Dames ses sœurs , dans le
temps auquel elle dit estre accouchée , sans qu'elle soit demeurée vn seul iour au lit ; qu'elle n'a iamais parlé à personne d'estre accouchée , qui ont veu baptiser l'enfant
duquel elle pretend estre accouchée à S. Iean en Gréve,
qui l'ont veu en nourrice , qui l'en ont veu retirer , qui l'ont
veu dans tous les lieux où il a demeuré , que ce ne peut
estre celuy duquel elle se pretend estre accouchée , qui sont
tous faits ciuils , pour vn fait ciuil , qui est la succession du
Sieur de S. Geran ; & ces témoins sont & se trouueront
tous d'vne foy irreprochable , & en si grand nombre , qu'ils
osteront toute sorte de doute , ce qui s'entend toûjours
au cas que la Cour mesme l'estime necessaire pour l'éclair-
cissement de sa religion , parce que les appellantes esperent
qu'en l'état mesme auquel cette affaire est à present redui-
te , il y a assez de fondement pour adiuger aux appellantes
la succession du Sieur de S. Geran , par le deffaut des preuues legitimes de la filiation de ce Bernard , & de la possession de son état , sans en chercher vn plus grand éclair-
cissement , qui ne peut seruir qu'à augmenter la honte &
la confusion de l'intimée , à laquelle les appellantes sou-
haittent encore cette bonne fortune , afin d'épargner sa
reputation , de laquelle les appellantes ont plus de soin
qu'elle-mesme , & sans doute que la Cour luy fera vn grand
plaisir de la retirer de cét aueuglement volontaire , sans
attendre qu'elle se brise entierement dans ce precipice.
Que si l'intimée pretend opposer à toutes ces raisons,
le bouclier de sa vertu & de sa reputation , les appellantes
estiment que ce qu'elles ont remarqué dans le fait d'vne
conduite si iniuste & si inhumaine , qu'elle a tenu contre
la Goliard , est suffisante de répondre à cette fausse couleur : peut-estre que quand l'intimée a entrepris vne affaire si mal-heureuse & si indigne de sa qualité , elle n'a pas
crû en venir si auant ; elle a témoigné , lors de la premiere
plaidoirie de la cause , sur laquelle est interuenu l'Arrest
du dixiéme Aoust mil six cens cinquante-sept , qu'elle ne

cherchoit autre chofe que l'éclaircifTement de la verité,
fçauoir fi ce Bernard pretendu étoit fon fils ; mais il y a
long-temps que les Lettres de Madame la Marefchale, fa
mere, l'en deuoient auoir afTeurée & detrompée, elle n'a-
uoit pas aucun fuiet de reproche contre Madame fa mere,
puis qu'elle ne pouuoit pas luy enuier la confolation d'a-
uoir vn enfant, & qu'il n'y a point de raifon qui pût obli-
ger la Dame fa mere de luy declarer auec tant de certitu-
de qu'elle n'étoit point accouchée , & qu'elle auoit tort
d'entreprendre ce procés : la Lettre du vingt-huit Aouft
mil fix cens quarante-neuf, qui a efté obferuée cy-defTus
auoir efté écrite par fon Aumofnier à la de Beaulieu, montre afTez que l'intimée s'eft laifTée preuenir d'vne affection
trop ardente & trop aueugle pour ce garçon, à qui elle
auoit donné l'habit de Page; *Henry eft toufiours bien aymé
de Monfieur, & ie ne croy pas que Madame le puiffe aymer
dauantage quand il feroit fon fils.* Il y a eû de l'excés dans
l'affection de l'intimée pour ce garçon , & l'ordinaire de
l'amour eft de chafTer la raifon ; apres que l'intimée s'eft engagée trop facilement dans cette entreprife , elle a crû
qu'il y auroit de la honte de s'en rètirer , elle s'eft aban-
donnée à toute forte de moyens pour appuyer cette chimere , elle a r'appellé dans fon efprit toutes les auàntures
des Romans, defquels elle a fait fa principale étude ; elle
s'eft attachée inconfiderément à tout ce qu'on luy a pre-
fenté, & fur la rencontre d'vn enfant naturel qui a toutes
les apparences d'eftre de la Beaulieu, fous pretexte qu'elle
en a voulu cacher la honte dans vn Regiftre baptiftaire, &
que la Secqueville qui auoit accompagné la Beaulieu à
Torcy, a découuert ce myftere ; l'intimée s'eft laifTée aller
à donner cette liaifon de la fouftraction d'vn enfant, auec le
Baptefme & l'education de cét autre enfant à Torcy ; &
comme on dit que la chimere eft vn compofé de deux natu-
res afTemblées en vne , & defquelles l'vnion eft impoffible :
ainfi l'intimée veut faire vn mélange d'vn accouchement
magique ou imaginaire, auec vn enfant naturel fans nom; en
quoy certainement il ne peut y auoir aucune excufe de fur-
prife, ny aucune iuftification de probité en la perfonne de
l'intimée, qui ne peut iamais recueillir que de l'infamie eter-
nelle d'vne fuppofition fi opiniâtre & fi groffiere.

      Monfieur   *Rapporteur.*